REVOLVTIONS D'ANGLETERRE,

DEPVIS LA MORT

DU

PROTECTEVR OLIVIER,

JVSQVES

AV RETABLISSEMENT

DV ROY.

A PARIS,

Chez CLAUDE BARBIN, au Palais
sur le Perron de la sainte Chapelle.

M. DC. LXX.

Avec Privilege du Roy.

LE LIBRAIRE,
au Lecteur.

L y a long-temps
que je travaille pour
vous donner cette
Histoire, & comme je suis
assûré qu'elle aura vôtre approbation, je pense que la
peine que j'ay euë à l'avoir
ne me sera pas inutile, &
que vous me sçauriez bon
gré du present que je vous
fais. En effet, je ne pou-

vois pas vous en faire vn en commencement d'année, qui vous fût plus agreable que celuï-cy, qui fera vne nouveauté pour vous ; car bien qu'il y ait déja du temps que ces Revolutions sont passées, on n'en a pourtant encor vû aucun recit en ce Pais. Ie ne vous dirai rien touchant cette Histoire, parce que celuï qui l'a composée y a pourveu ; prevoiant bien qu'vne piece aussi curieuse que celle-cy ne pouvoit pas estre long-temps cachée dans son cabinet, & qu'elle paroîtroit en public quand il y penseroit le moins. Cependant comme il y a dans chaque Pais des manieres particulieres qu'on ne peut bien exprimer par les mots qui font en vfage dans les autres, & qu'on eft obligé d'en faire quelquesfois de nouveaux, ou de fe fervir de vieux, j'ai cru que je devois mettre ici l'explication de quelques-vns qui pourroient embaraffer ceux qui n'ont point de connoiffance des affaires d'Angleterre.

Par REGIME on entend toutes fortes de Gouvernemens, foit celui des Parlemens, foit celui de l'Armée, ou de quelque perfonne particuliere.

COMITE´ eſt vne aſſem-
blée de quelques Deputez,
qui ſont commis pour ter-
miner des affaires particulieres: & GRAND COMITE´ eſt
l'aſſemblée des deux Chambres qui compoſent le Parlement. Et AGITER EN GRAND
COMITE´ veut dire , deliberer en l'aſſemblée generale
du Parlement.

La CHAMBRE ou la MAI-
SON HAVTE s'appelle auſſi
quelquesfois DES PAIRS ou
DES SEIGNEVRS, parce
qu'il n'y en doit pas entrer
d'autres.

La CHAMBRE ou la MAI-
SON BASSE, OU DES COM-

MVNES eſt la même choſe, & les Deputez qui la compoſent ſont pris du Peuple.

ORATEVR eſt preſque comme ici Avocat General, & c'eſt celui qui porte la parole pour tout vn Corps.

ALDERMANS comme Echevins.

MEMBRE vaut autant que Deputé du meſme Corps.

La LIVRE STERLING vaut douze francs de la monnoye de France.

Pour ce qui eſt des deux Memoires que j'ay joints à ces Revolutions, bien qu'ils ſoient écrits d'vn autre ſtile, neantmoins comme il ſemble que ce soit vne suite du rétablissement du Roi d'Angleterre, j'ai cru qu'ils contribuëroient à vôtre satisfaction. Adieu.

PREFACE.

MON deſſein en compoſant ce recit des Revolutions d'Angleterre, n'a point été de le donner au Public, mais ſeulement de dreſſer des memoires pour vne Perſonne qui avoit vne des Premieres Charges du Roïaume, & qui vouloit écrire l'Hiſtoire de tout ce qui ſe paſſeroit pendant qu'il ſeroit dans l'Emploi. Cependant comme il peut tomber en des mains qui ne prendront pas la peine de travailler pour ma reputation, je crois que j'y dois ce mot, afin que ſi on le met-

toit quelque jour sous la Presse à
mon insceu, le Lecteur ne m'im-
pute que les fautes qui sont de
moi. Ie vais donc me faire justice, & comme je ne suis pas assez
persuadé de mon merite pour croire que je ne puis manquer, on
verra que je ne me suis pas épar-
gné.

I'avouë donc librement que j'y
ai laissé couler en ce recit plusieurs
mots qui ne sont pas du temps
present, parce que je n'avois point
d'autre but que d'exprimer ce que
je pensois, le plus naturellement
qu'il me seroit possible, laissant à
celui qui travailleroit apres moi
le soin de polir ce qu'il y trouve-
roit de trop rude, & de changer
ce qui ne lui plairoit pas. Ainsi je
laisse à ceux qui le liront la liberté de les critiquer tant qu'ils vou-
dront.

PREFACE.

Ie ne doute point encor que la premiere ligne ne soit censurée par ceux qui veulent excuser Olivier Cromwel en tout ce qu'il a fait, car bien que je me sois abstenu de porter aucun jugement de la conduite de ceux qui y ont part, il semble pourtant que je condamne toute la sienne en l'appellant Tiran. Mais je ne pense pas que je lui fasse vne injustice, & ils doivent considerer que ce fut vn de ceux qui contribuërent le plus à la mort de son Roi : Que son autorité lui fut deferée par l'Armée qui n'avoit aucun pouvoir, ni aucun caractere pour cela ; Que lors que le Parlement qu'il fit ensuite assembler, lui-même crut être obligé de moderer cette grande puissance qui surpassoit celle des Rois, il vsa de menaces pour les en empêcher : Et enfin que les

PREFACE.

Anglois qui ont éprouvé son gouvernement sçavent fort bien qu'ils
n'ont jamais porté vn joug aussi
pesant que celui qu'il avoit mis
sur leurs têtes. Toutes ces choses sont des actions d'vn veritable Tiran, & qui les a faites ne
peut être appellé d'autre nom. Au
reste je ne touche point à son esprit, qui étoit tres - grand, &
vrai - semblablement s'il n'en a-
voit point tant eu, il n'auroit jamais merité ce titre.

Que si on trouve que cette Histoire est trop courte, & qu'elle devoit être augmentée de ce que
l'Angleterre a fait de considerable au dehors, qu'on se souvienne
que ceci n'est qu'vn memoire qu'on
ne desiroit pas plus ample, & que
j'ai suivi en écrivant le chemin
qui m'avoit été marqué. Au reste si des occupations que je pense

PREFACE.

plus importantes à ma fortune que celle d'écrire vne Histoire, ne m'empêchoient de travailler à celle de toute la Republique d'Angleterre, c'est à dire, de ce qui s'est passé depuis la mort du feu Roi jusques au rétablissement de celui-ci, je pense qu'on verroit que ce n'a pas été faute de soin que j'ai oublié quantité de choses qui auroient asseurément orné beaucoup cet abregé.

Ie ne dis rien touchant le stile, j'ay toûjours été persuadé que le plus court seroit le meilleur en ce genre d'écrire. Si quelqu'vn a d'autres sentimens, je lui laisse la liberté de condamner le mien, & je lui pardonne sa censure.

R E V O L V-

REVOLVTIONS D'ANGLETERRE,

DEPVIS LA MORT

DV

PROTECTEVR OLIVIER,

JVSQVES AV RETABLISSEMENT

DV ROY.

O N n'a jamais vû vn Tiran regner plus paisiblement, & mourir plus estimé & plus craint que le Protecteur Olivier Cromwel, & il est éton-

nant qu'vn Peuple auſſi dif-
ficile que l'Anglois , aprés
s'eſtre laſſé de ſon Roy legitime , ait obeï ſi aveuglement & ſi conſtamment à
vn Vſurpateur, juſqu'à recevoir pour Souverain celuy
qu'il declara par ſon Teſta-
ment. Il mourut le 13. Decembre 1658. aprés avoir nommé
ſon Fils aîné Richard pour lui
ſucceder à la Puiſſance Pro-
tectale. Ceux qui connoiſ-
ſoient ſes ſentimens envers
ſes deux fils ne furent pas les
ſeuls qui eurent dé la ſurpri-
ſe de cette diſpoſition ; beaucoup d'autres s'étonnerent
qu'il eut agi en cela plûtoſt

comme vn bon pere de fa-
mille qui cherche l'avantage
de l'aîné de fa Maifon, que
comme vn fage Politique
qui auroit choifi vn Succef-
feur par l'efprit, & non par
l'âge. Auffi eft-il conftant
que s'il eût eu le temps d'e-
xecuter ce qu'il avoit refolu,
il n'auroit jamais nomméRi-
chard qu'il n'avoit pû fouf-
frir depuis qu'il s'eftoit mis
à genoux devant lui pour le
conjurer de fauver la vie du
feu Roy. C'eft-là la veritable
caufe qui faifoit qu'au lieu
de lui donner part aux affaires, il le tenoit toûjours fans
Emploi en des Maifons de

campagne, & il n'agiſſoit
point en cela par aucun prin-
cipe de prudence, ni pour cacher aux Anglois le deſſein
qu'il avoit de leur laiſſer a-
pres ſa mort la Souveraineté.
Cette oiſiveté dans laquelle
Richard vivoit, & qui eſtoit
conforme à ſon humeur dou-
ce, fit qu'encore que ſon eſprit fut tres-bon, il vint au
Gouvernement ſans aucune
des qualitez qui peuvent
maintenir vne puiſſance naiſ-
ſante, c'eſt à ſçavoir l'activi-
té, l'eſtime des Peuples, &
l'experience. Pour Henry,
comme Olivier le deſtinoit
pour eſtre ſon ſucceſſeur, il

l'avoit nourri d'vne autre maniere, il avoit porté les Armes toute ſa vie avec beaucoup de reputation, ce qui le faiſoit conſiderer des Officiers de l'Armée, qui pouvoient beaucoup pour l'afermiſſement de l'autorité Protectorale en ſa perſonne ; il étoit de plus moderé & fort civil, qualitez tres propres à gagner le cœur des Sujets ; mais Olivier ſe ſentant encore vigoureux croyoit qu'il avoit aſſez de temps pour mettre ordre à ce qui devoit arriver apres ſa mort, & vne maladie violente l'ayant ſurpris, il ſeroit mort ſans declarer ſes derniers ſentimens , ſi vne Dame de condition nommée Kendt ne lui eut donné vn Cordial merveilleux qui le fit vivre trois jours contre le ſentiment des Medecins. Etant donc ainſi ſurpris ſon fils Henry commandant vne Armée en Irlande, & étant neceſſaire qu'il donnât promptement vn Chef à l'Armée d'Angleterre, & vn Maître à la Republique, & de lui aſſûrer la volonté des Officiers, il fit revenir Richard qui étoit proche de Londres, & lui fit jurer fidelité par l'Armée. Cette diſpoſition fut enſuite receuë avec joye par tout les

Corps d'Angleterre, qui pro-
clamerent Richard peu de
jours apres la mort d'Olivier
Protecteur de la Republique
d'Angleterre, d'Escosse, &
d'Irlande, avec les mesmes
honneurs qu'ils auroient pû
rendre à leur Prince legiti-
me. Aussi-tost qu'il se vit en
la place de son pere, il commença de lui rendre les derniers devoirs, en la maniere
qui se pratiquoit aux Enter-
remens des Rois, jusques à
lui donner toutes les marques de la Royauté ; mais il
ne pût achever à cause des
bruits que les creanciers du
defunt exciterent, & il se vit

A iiij

obligé à l'enterrer de nuit. Neantmoins apres qu'ils furent appaiſez il lui fit vn ſervice tres-honorable où les Miniſtres des Princes Etrangers ſe trouverent, & la Ceremonie ſe fit fort paiſiblement.

Comme le Gouvernement qu'Olivier avoit établi étoit fondé ſur la violence, il ne faut pas s'étonner s'il fut de peu de durée, & ſi ſon fils en fut bien-toſt dépoüillé : auſſi ne verra-t'on plus qu'vne reſolution continuelle de differens regimes qui ſe détruiront l'vn l'autre au meſme moment qu'on les croira

plus affermis. Richard avoit
herité de fon pere la puiffance Protectorale , tous les
Corps l'avoient reconnu &
proclamé volontairemen t;
cependant fon adminiftra-
tion fut de peu de mois , &
il fe vit obligé de fe démettre
d'vne Puiffance que fon pere
avoit acquife par fon efprit,
& que le hazard, plûtoft que
la naiffance avoit fait paffer
en fa perfonne.

Ce qui caufa ce change-
ment , fut qu'Olivier ne
croyant pas mourir fi-toft il
ne penfa point à reformer le
Confeil d'Etat : en forte qu'il
pût foulager fon fils, & il le

lui laiſſa tel qu'il s'en étoit
ſervi. Or comme il n'avoit
point voulu qu'il y eut
des eſprits trop éclairez,
ni des gens trop experimen-
tez, afin de tourner toûjours
les affaires de la maniere qu'il
lui plairoit , & que le ſeul
avantage qu'il en vouloit tirer, étoit de perſuader au Peuple qu'il n'agiſſoit qu'avec
quelque ſorte de dépendan-
ce de ce Conſeil ; cette maniere de Conſeillers n'étoit
que trop bonne pour lui ;
mais ce fut la ruïne de Richard : car celui-ci ſuivant
leurs avis en toutes choſes,
contre la coutume de ſon pe-

re qui les tournoit souvent en ridicules ; ils se crurent plus habiles qu'ils n'étoient en effet, & se voyant delivrez tout à coup de la grande contrainte dans laquelle Olivier les avoit retenus, ils crurent devoir profiter du temps pour l'augmentation de leur fortune, & la pluspart étant employez dans les Troupes, ils en trouverent bien-tost l'occasion.

Peu de jours apres la mort d'Olivier, ses Creanciers, & ceux de l'Etat, commencerent à penser à la seureté de leurs debtes. L'Armée qui y avoit bóne part, prit de là oc-

casion de s'assembler, poussée par les intrigues de Lambert, du Chevalier Waine
& de Hasselrigge. Ces trois
Officiers s'étoient vnis pour
vsurper le Commandement
absolu des Troupes. Le premier avoit le credit & l'esti-
me; Le second, l'adresse pour
conduire leur dessein, ayant
l'esprit beaucoup plus fin &
plus dangereux que les autres ; & le dernier, la haine
contre la Maison Protectorale, & cette passion seule
l'avoit engagé dans ce parti,
sa fortune étant d'ailleurs assez bien établie. Ils firent
faire diverses propositions

en ces affemblées, pour augmenter le pouvoir de l'Armée, par la diminution de
celui du Protecteur; & pour
la fouftraire infenfiblement
à fon autorité, ils y firent re-
foudre qu'on prefenteroit
vne Requefte à Richard,
par laquelle il feroit prié de
leur donner Fleytowlt pour
General, & de confentir
qu'on ne pût à l'avenir caffer
ni recevoir aucun Officier
dans les Troupes que de l'a-
vis & du confentement du
Confeil de Guerre. Il fut averti affez à temps de ce deffein
pour en détourner l'effet. Il
manda à quelques-vns d'en-

tr'eux de le venir trouver; &
il leur parla avec tant de fermeté qu'ils n'eurent pas la
hardieſſe de la preſenter,
Fleytowlt qui ſembloit être
l'auteur de cette reſolution,
avec l'Aide du Major Deſ-
borow, n'oſant pas avoüer
ce qui avoit eſté fait en ſa faveur, la Cour & le Peuple
crurent que ce bruit n'auroit
aucune ſuite; mais les veritables auteurs de cette Requeſte n'étans pas découverts, &
cette action de fermeté n'é-
tant pas ſoûtenuë, on vit les
aſſemblées recommencer a-
pres avoir eſté ſeulement diſ-
continuées quelque temps.

Cependant les Troupes aiant toûjours témoigné ouvertement leur inclination envers leur Lieutenant General Fleytowlt, le Protecteur voyant le bruit recommencer n'ofa les reduire par l'autorité : & il refolût fuivant l'avis de fes Confeillers qui avoient encore plus de foiblefse que lui de les gagner par la douceur, Il donna donc à Fleytowlt vne Commiffion de General au grand Seau ; mais ce fut inutilement.

Cette entreprife ayant heureufement reüffi aux trois Officiers, & le peu de vigueur du Souverain & de ſes Conſeillers n'ayant que trop paru, ils continuerent leurs intrigues dans l'Armée ; & bien que Richard lui eut accordé ce qu'elle avoit de_mandé, elle n'en fut pas plus ſoumiſe, & les Officiers ne laiſſerent pas de s'aſſembler comme auparavant. Le pretexte en étoit fort apparant, puiſque c'étoit pour recher-cher les expediens de ſe faire payer de ce qu'il leur étoit dû, & Richard ne pouvant pas y ſatisfaire, il crut ne de-voir pas les empeſcher d'y ſonger eux-meſmes. Or leurs arrerages étoient montez ſi haut,

haut , qu'il n'y avoit plus
qu'vn moyen pour les paier,
qui étoit de faire des levées
d'argent dans les Provinces.
D'ailleurs le mépris que les
Officiers de Guerre avoient
pourRichard paſſant juſques
au Peuple , l'autorité Protectorale étoit ſi fort dimi-
nuée, qu il ne pouvoit de lui-
meſme faire des Impots ſur
le Peuple, qui les ſouffre toujours avec peine, quand meſ-
mes ils ſe font par les voyes
legitimes. Il n'y avoit donc
plus pour empeſcher la revolte de l'Armée que la convocation d'vn Parlement, &
elle ne ſe pouvoit faire ſans

B

que Richard en receut au moins vne grande diminution en son autorité ; mais l'armée qui étoit poussée par son interest, & qui n'étoit retenuë par aucun respect envers le Protecteur, fit instance afin qu'on l'assemblât au plutost. Le Conseil d Etat qui avoit son interest commun avec celui de l'Armée, & qui s'étoit aquis vne telle autorité sur son esprit, que pour les Charges mesme de Iudicature il ne faisoit plus qu'aprouver ceux qui lui étoient presentés par ce Conseil, le porta facilement à ce que l'Armée & le Peuple desi-

roient; celle-là par son inte-
reft, & celui-ci par le defir
de la nouveauté.

Les ordres furent donc
envoyez le 23. Decembre de
la mesme année pour assembler vn Parlement au com-
mencement de Fevrier de la
suivante. Cependant cha-
cun s'appliqua à faire ses brigues pour avoir des Deputez
favorables, le Protecteur
pour l'affermissement de son
autorité, l'Armée pour l'augmentation de celle qu'elle
vsurpoit, & les Republicains
pour l'aneantissement de l'u-
ne & de l'autre.

Or quoy que le principal

Parti de l'Armée fuſt porté à
la rendre independante, Richard y avoit encore des
amis , & pluſieurs des Officiers ſubalternes étoient
pour vn Gouvernement Po-
pulaire , afin de n'eſtre pas
entierement expoſez aux ca-
prices de leurs Superieurs.

Ces trois Partis d'intereſts
tous differens cauſerent de
grandes diviſions dans l'Armée ,& alienerent les eſprits
les vns des autres. Tout cela
tournoit au dommage du
Protecteur, puiſque l'en ren-
dant moins Maître, il le mettoit hors d'état de faire vn
coup d'autorité, s'il en avoit

beſoin pour ſe maintenir.

Le Parlement s'aſſembla le 16. Fevrier 1659. qui fut le jour de ſa premiere ſeance, le Protecteur ne manqua pas de s'y trouver. Il y parla debout & découvert, contre la coûtume de ſon pere; Tout ſon diſcours fut à l'avantage des Peuples, & pour pourvoir au plutoſt au payement de l'Armée.

En ſuite on y lût vn Acte pour la confirmation de l'autorité Protectorale en la perſonne de Richard, ce qui cauſa diverſes conteſtations pendant pluſieurs ſeances, ſon Parti n'étant pas moins

fort que celui des Republicains ; & celui de l'Armée ne
voulant donner aucun avantage à l'vn ni à l'autre. Il fut
enfin resolu qu'on le decla-
reroit Protecteur des trois
Republiques, d'Angleterre,
d'Ecosse & d'Irlande ; que
jusques à ce que cette Acte
de confirmation qui avoit
esté presenté eut esté agité
en grand Comité de la Maison. Toutes les clauses qu'on
pourroit adjouter pour limi-
ter son autorité, & pour la
liberté du Peuple, seroient
censées parties de cet Acte ;
Que cette resolution ne seroit point obligatoire pour

le Peuple, & l'on en demeu-
ra-là pour cette fois. Il se
parla aussi d'abolir la Chambre des nouveaux Seigneurs
établie par le feu Protecteur
& par le Parlement d'alors.
A cette proposition les Partis se reveillerent, les Cour-
tisans l'appuyent, les Presbiteriens en veulent bien vne;
mais à condition qu'elle soit
composée seulement des anciens, & les Republicains ne
la desirent ni d'vne façon,
ni d'vne autre. On conteste
fort de part & d'autre; & enfin il est arresté qu'elle sub-
sistera, sans prejudice neantmoins du droit des anciens

Seigneurs. On refout auſſi qu'elle traitera d'égal avec le Parlement, & que quand elle aura quelque choſe à lui faire ſçavoir, elle le fera par deputation de ſes membres, & non point en envoyant des Officiers Subalternes.

Cependant l'Armée s'étant aſſemblée pour le payement de ſes arrerages, elle fit donner à cette fin vne Requeſte au Protecteur par Fleytowlt, afin qu'il la preſentât au Parlement. Richard l'envoya, & l'accompagna de ſes Lettres; mais ſoit que le Parlement fut peu porté pour l'Armée, ou qu'il s'offençât

fençât de ce qu'il n'étoitqua-
lifié dans ces Lettres que
Chambre des Communes,
il n'en fit pas grand état, & il
en remit la deliberation à vn
autre temps.

L'Armée voiant qu'on la
negligeoit,se pique,& conti-
nuë de s'assembler chez Fleytowlt. Elle veut punir le
Protecteur du peu de compte que l'on fait d'elle,& par-
le d'aneantir son autorité.
Richard de son côté pour re-
primer cette insolence, fait
resoudre par le Parlement,
qu'il luy sera donné au plûtôt toute satisfaction, & cé-
pendant il est chargé de fai-

C

re defense aux Officiers de s'affembler & d'ordonner à ceux dont les Corps n'étoient point dans Londres de fe rendre inceffamment dans leurs quartiers.

Le Protecteur envoye querir les principaux Officiers, leur exagere les diligences qu'il a faites pour les faire payer de leurs debtes; il fe plaint du peu de refpect qu'ils ont pour lui, & qu'ils font éclater trop hautement dans leurs affemblées, & il leur fait fçavoir les ordres du Parlement. L'inclination que le Richard témoigna pour ce Corps n'étoit que feinte,

Il avoit resolu de le separer
au plûtôt, voyant qu'il y avoit
des esprits trop factieux qu'il
ne pourroit jamais gouverner ; & il ne le maintenoit
que pour le ruïner avec plus
de hauteur apres qu'il s'en
seroit servi à abbatre l'info-
lence des Officiers de Guerre. Mais ils ne lui en donnerent pas le temps ; car peu
apres qu'il eut parlé de la
sorte , Desborow lui vint
declarer que comme il ne
se passoit rien dans leurs af-
semblées contre lui, ni contre le bien public, personne
ne pouvoit les empêcher, &
qu'ils étoient resolus de les

continuer, ce qu'ils firent jufques au premier de May.

Ce fut ce jour-là que leur
haine contre le Parlement,
& leur mépris pour le Protecteur éclaterent. Dés la
pointe du jour ils firent mettre les Troupes fous les armes aux environs de Wite-
hall, & les principaux d'entr'eux fe rendirent à faint
Iefmes. Ils ne voulurent
point admettre en leur Confeil ceux que l'on eftimoit
étre pour la Cour.

Apres qu'ils y furent af-
femblez quelque temps, Defborow alla trouver Richard,
& lui declara que le Confeil

de Guerre defiroit qu'il rom-
pît le Parlement dés le lendemain matin. Quoy que
le Protecteur fe vît abandon-
né des Troupes qu'il avoit
crû le plus fidellement atta-
chées à fon fervice, & qu'il
connut que fon Confeil le
trahiffoit, il ne laiffa pas de
témoigner beaucoup de con-
ftance en recevant cette deputation fi inopinée. Il lui
répondit hardiment qu'il ne
pouvoit condefcendre à leur
demande. Defborow le me-
nace s'il ne veut executer ce
que l'Armée defire de lui;
mais inutilement : Enfin, le
voiant toûjours ferme, il lui

donne le choix de faire rendre au Parlement les Lettres
pour sa dissolution, ou de les
remettre aux Officiers. Richard cede enfin à la necessité; il accepte le dernier de
ces expediens, & le lendemain à trois heures du matin, il leur fit remettre les
Lettres qu'ils demandoient.

L'Armée demeura encor
sous les armes tout ce jour,
& empécha l'entrée de Vite-
hall à ceux que l'on croyoit
portez pour le Protecteur.
Aussi-tôt que le Parlement
fut assemblé, le premier garde des Sceaux, President de
la nouvelle Chambre y de-

clara l'intention du Protecteur, sur laquelle on opi-
na.

Ils resolurent d'en avertir
la Chambre des Commu-
nes, & y envoierent l'Huis-
sier à la Verge noire.   Or
comme il avoit esté arrété
en confirmant cette nou-
velle Chambre des Seigneurs
qu'elle ne feroit rien sçavoir
à l'autre que par des Deputez; celle-là se tint offencée
de cet envoy, & elle remit
toute deliberation au jour
suivant.

Cependant les Gardes des
Sceaux étans retournez dans
leur Chambre, firent la le-

cture de la Commiſſion du Protecteur , preſuppoſant que cela ſuffiſoit pour la diſ-ſolution du Parlement. Le jour ſuivant quelques Depu-tez étans venus pour pren-dre leurs places à l'ordinaire, ils trouverent la porte fer-mée. Ils ſe contenterent d'y frapper, & de témoigner leur mécontentement en s'en re-tournant. La Ville en parut allarmée , mais ſans effet , comme c'eſt l'ordinaire des bruits populaires.

L'Armée par ce moyen devenuë la maîtreſſe, chaſſe les Officiers qui paroiſſent contraires à l'établiſſement

d'vne Republique, & rem-
plit leurs places de ceux qui
avoient été caſſez par le defunt Protecteur. Ce coup
acheva de ruiner tout le credit que Richard pouvoit encore y avoir, & le fit reſou-
dre à ſouffrir patiemment
tout ce qui pourroit arriver.
Il fut conſeillé par vn des in-
times amis de ſon pere de
ſe retirer à l'Armée de Munk
en Ecoſſe, ou à celle de ſon
frere en Irlande ; & peut-être
que quand les Officiers de
celle d'Angleterre l'auroient
vû en état de les punir de leur
rebellion, ils auroient été
trop heureux de ſe ſoumet-

tre à ce qu'il auroit defiré d'eux, dans la crainte que n'êtans pas fecondez par le peuple, ils ne demeuraffent enfin expofez à fa vengeance. Mais le defir du repos l'emporta fur celui de la grandeur, & la Souveraineté ne lui parut pas effez charmante pour vouloir la conferver aux dépens de la vie & des biens des Anglois.

Cependant l'Armée d'Angleterre qui pretendoit qu'il l'avoit méprifée, & qui ne trouvoit plus de refiftance à fes deffeins, pouffa fon mépris jufques au bout, & refolut fans fa participation, la convocation du long Parlement qui avoit fait couper la tête au feu Roy. Cette propofition qui sembloit tendre à l'établiffement d'vn regime Republicain, fit que tout le monde fe foumit d'abord; Munk mefme General de l'Armée d'Efcoffe voiant l'indiference de Richard, envoia faire fes proteftations de ne point fe separer de celle d'Angleterre.

Ce deffein ayant paru agreable à tout le monde, le General Major Lambert qui s'étoit rétabli dans le credit, auffi bien que dans la Charge qu'il avoit euë dans les Trou-

pes, va à la teſte de quelques
Officiers preſenter à Lathall
Orateur de ce Parlement
l'invitation de toute l'Armée.

Le lendemain 17. May
tous les anciens Deputez qui
ſe trouverent à Londres au
nombre de 47. ſe rendirent
à Weſtmunſter en vne
Chambre particuliere, où
apres quelque conference ils
marcherent en ordre au lieu
ordinaire de la ſeance du Parlement. Ils avoient l'Orateur à leur tête, & devant lui
les Maſſes, qui ſont les marques de l'autorité Souveraine. Leurs premieres reſolu-

tions furent d'écrire vne Lettre circulaire aux Deputez qui avoient esté assis au Parlement depuis l'année 1648. jusques à l'an 1653. & de publier la Declaration suivante pour faire entendre au peuple qu'ils vouloient establir vn regime sans personne particuliere ni pairs.

DECLARATION

du Parlement d'Angleterre, assemblé à Vestmunster le $\frac{7}{17}$ May 1659.

COMME ainsi soit que le Parlement de cette Republique eut par vne grace & bonté singuliere de Dieu continué de s'assembler durant plusieurs années pour s'aquiter de la Charge qui leur avoit été confiée par le peuple, dont ils sont les representateurs; jusqu'au 20. Avril 1653. qu'étant à Westmunster pour y faire la fonction de leurs Charges , ils

furent deſlors interrompus
& exclus par force de la maiſon juſques au jour preſent.
Et d'autant que les Officiers
de l'Armée levée par le Parlement, faiſant reflexion que le
même Parlement compoſé
des membres qui continue-
rent leur ſeance juſqu'au 20.
Avril 1653. ont eſté defenſeurs
de la bonne & ancienne
cauſe, & ont toûjours eu la
preſence de Dieu dans la
conduite de ce grand Ou-
vrage, ils ont crû ſuivant le deſir de pluſieurs gens de bien,
concourans avec eux, qu'il
eſtoit de leur devoir de con-
vier leſdits membres du Par-

lement de retourner à l'exercice de leurs Charges, ainſi qu'ils euſſent pû faire devant le 20. jour d'Avril 1653. & qu'à cet effet le Seigneur Lambert avec pluſieurs autres Officiers de l'Armee, s'eſt rendu au nom du Seigneur Fleytowlt & du Conſeil general des Officiers de l'Armée chez l'Orateur dudit Parlement, & en preſence de pluſieurs des membres dudit Parlement lui a preſenté vne Declaration, par laquelle ils demandent avec inſtance que le Parlement compoſé des membres qui continuerent leur ſeance depuis

puis l'an 1648. jufques au 20.
Avril 1653. veulent reto urner
à l'exercice de la Charge qui
leur a efté confiée, promettant de leur part (comme
ils y font obligez) toute
affiftance pour la feureté de
leur feance , afin de bien
profiter de l'occafion qui
s'offre d'établir & affermir la
paix & franchife de cette Republique, implorans la prefence & benediction de Dieu
fur leurs travaux. Surquoy
l'Orateur & lefdits membres
du Parlement ont refolu de
s'affembler le matin fuivant
à Weftmunfter , faifant fçavoir leur intention aux au-

tres membres leurs Colle-
gues : Et en conformité de
ce que deſſus l'Orateur &
leſdits membres s'eſtans aſſemblez à Weſtmunſter le $\frac{7}{17}$
May 1659. ils ont trouvé être
de leur devoir, de ne pas ne-
gliger cette occaſion que la
merveilleuſe, & que (comme
ils eſperent) la favorable
Providence de Dieu leur pre-
ſente, pour achever ce qui
reſte du devoir de leur Charge. Ce qu'eſtant conſideré
par le Parlement, il declare
qu'il s'eſt reſolu avec la favorable aſſiſtance de Dieu
tout puiſſant, de s'aquiter fidellement de la Charge qui

leur a esté confiée, & de tâ-
cher d'affermir cette Republique sur des fondemens,
qui puissent assûrer & affermir les droits & libertez du
Peuple,& de tous en general,
soit entant qu'hommes, ou
comme Chrestiens, & cela
sans Monarchie, Roiauté &
Maison de Pairs, & dè s'employer avec vigueur à la re-
formation si fort desirée, &
si souvent promise, afin qu'il
y ait vn saint & fidel gouvernement & ministere dans
ces Nations à la loüange &
gloire de Nostre Seigneur
IESVS-CHRIST, & au grand
contentement & satisfaicton

des gens de bien du Païs.
Le Samedy 7. May 1659. en
suite on resolut d'établir vn
Conseil d'Etat composé de 31.
personnes, dont 21. seroient
choisies entre les Deputez
du Parlement, & dix hors de
ce Corps , que sept de ce
Conseil dont Fleytowlt seroit le Chef , presenteroient
les Officiers de l'Armée, que
le Parlement leur donneroit
la Commission, & que les anciens en prendroient des
nouvelles : la pluspart si sou-
mirent , les principaux sans
degout apparent, parce qu'ils
esperoient leur grandeur par
le moyen du Parlement ;

mais les Subalternes , dont
les Commiſſions devoient
finir avec ce Parlement ne
purent cacher la difficulté
qu'ils avoient d'obeïr. Fleytowlt fut auſſi reconnu pour
Lieutenant General. Tout
ce qui s'eſtoit paſſé juſques-
ici avoit bien abbatu l'autorité du Protecteur ; mais elle
n'eſtoit pas encore anean-
tie. Maintenant ils vont lui
donner le dernier coup , &
diſſiper, pour ainſi dire, ce
fantôme de l'autorité Roïa-
le. Apres donc avoir reſolu de payer les arrerages de
l'Armée, & les autres dettes
de l'Etat, il fut ordonné au

Comité d'en demander vn memoire à Richard, comme auſſi de celles de ſon pere & de ſon bien. On ne lui donna dans cet acte que la qualité de Monſieur, ſimplement, & au feu Protecteur, celle de General des forces des trois Eſtats. On enjoignit auſſi au Comité de ſçavoir ſon ſentiment ſur le preſent Regime.

Le Chevalier Waine avec deux autres Deputez fut porter cette deliberation au Protecteur qui la receut ſans s'étonner. Il lui promit d'envoier reponſes dans vn temps convenable, ne pouvant pas

faire si-tost les Memoires
qu'on desiroit de lui.

On dit qu'il allongea le
terme le plus qu'il pût, sur
les nouvelles qu'il eut que
le Milord-Henri son frere
avec l'Armée d'Irlande sembloit ne vouloir pas reconnoître le Regime. En effet
ce General avoit d'abord
declaré qu'il ne recevroit aucun ordre que de la part du
Protecteur son frere, qui
pouvoit avec cette Armée,
& le reste des amis qu'il avoit
encore dans l'Etat, y faire vn
parti tres-considerable; mais
la verité est qu'ils s'attendoient l'vn à l'autre, & que

Henri voiant que Richard ne pouvoit prendre de fortes resolutions , songea à sa seureté, & reconnut le Gouvernement comme les autres. Richard de son côté qui n'etoit pas fâché d'avoir vn pretexte d'en faire autant sans honte, n'eut pas plutôt appris que son frere s'étoit declaré pour le Parlement, qu'il envoia l'Etat qu'on lui demandoit de ses debtes & de son bien, & il l'accompagna d'vne reponse tresfoumise en ces termes.

LET-

LETTRE
de Richard au Parlement.

J'AY leu la Deliberation & la Declaration qu'il vous a plû m'envoier , & pour vous informer touchant ce qui eſt mentionné dans ladite Declaration. I'ai fait joindre ici vn Etat au vrai de mes dettes , par lequel on verra à quoi elles ſe montent, & comme elles ont eſté contractées. Quant à l'endroit de ladite Declaration, où il eſt enjoint aux Commiſſaires de s'informer juſques à quel point j'acquieſ-

E

ce au Gouvernement de cette Republique , je m'assure
que m'a conduite passée a
fait connoître jusques ici
mon aquiescement à la vo-
lonté de Dieu , & qu'en effet, je prefere la paix de cette Republique à mes inte-
rests particuliers : je desire
aussi qu'on juge par là de
mes deportemens à l'avenir,
qui seront tels avec l'aide de
Dieu, qu'ils rendront même
témoignage de mes senti-
mens, aiant en quelque sorte appris qu'il est mieux de
respecter la main de Dieu ,
& de s'y soumettre , que de
faire paroître de l'inquietu-

de. Et quant aux derniers effets de la Providence parmi nous, quoi que eu egard à ce à quoi je me trouvois particulierement obligé, je ne puisse pas concourir moi même à ce changement au Regime de ces Nations ; je puis neantmoins maintenant qu'il est fait y aquiescer franchement ; & comme avec les autres j'attens la protection du present Gouvernement, je me tiens aussi obligé de vivre paisiblement sous son autorité, & de porter autant qu'il me sera possible ceux aupres de qui j'ai credit, à faire le même. RICHARD.

Son inclination pour le repos, l'accablement d'affai-res où il se vit d'abord, le peu de secours qu'il eut de son Conseil, & les persecutions de sa mere & de ses sœurs, qui craignoient que s'il emploioit la violence pour maintenir son autorité, on ne se servît de la même voie pour le ruïner, & qu'el-les ne s'y trouvassent expo-sées, le firent resoudre à se soumettre.

Le Parlement fut tres sa-tisfait de cette soumission, n'en esperant peut-être pas vne si prompte, ni si entiere. Il renvoia au Comité à deliberer sur l'état de ses dettes & à resoudre quelle pension honête on lui pourroit donner. Il y fut resolu de l'aquiter entierement, & de lui donner cinq mil livres sterlin en fonds de terre, & jusques à ce qu'on les lui eut achetées, deux mil livres de rente sur les postes. Cette resolution fut plutôt prise en consideration du respect qu'ils conservoient encore pour le pere, que de celui qu'ils avoient pour le fils.

Or quoi que le Milord Henri se fut entierement soumis au Regime, il essaia

neantmoins de faire sa condition la meilleure qui se
pourroit.   Il vint des Deputez de son Armée chargez
de quelques propositions
adressantes à celle de Londres.   Le Parlement s'en
formalisa , les fit renvoier
sans réponse, & manda leur
General pour venir rendre
compte de son administra-
tion. Ils ne furent pas plutôt retournez en Irlande
qu'ils furent renvoyez avec
d'autres propositions en faveur de Henry vn peu dures
à l'égard du Parlement ;
Mais lui de son côté ayant
fait reflexion sur l'état pre-

sent des affaires, & craignant d'estre traité de rebelle, fit de nouvelles soumissions au Regime. Elles ne satisfirent pas portant le Parlement, & il lui ordonna vne seconde fois de venir. Il obeit, & il lui fut accordé la permission de se retirer en vne de ses Maisons de campagne, luy laissant par grace le choix de son exil. Tous les trois Royaumes ayans ainsi reconnu le nouveau Regime, l'on esperoit qu'il travailleroit promptement à établir vn Gouvernement à durer, & où chacun auroit part à son tour. Mais les longueurs qu'ils apporterent dans les cõmencemens firent crain-dre qu'ils ne vouluſſent ſe perpetuer l'autorité ; ce qui choquoit d'autant plus le Peuple qu'il n'y a rien de plus rude que d'obeïr à ſes égaux, avec qui on a droit de par-tager le commandement. Tous les Corps en publie-rent leur mécontentement, & leurs plaintes, la Ville de Londres refuſa de faire vn preſt au Parlement, & l'on n'entendit parler que des conſpirations qui ſe for-moient contre lui. On di-ſoit meſme tout haut que le Roi d'Angleterre avoit vn

Party formé, non seulement dans les Provinces, mais aussi dans la Ville.

Le Parlement émû de ce bruit, laisse le soin de regler le Gouvernement pour prevenir le desordre dont l'Etat est menacé, & il ordonne les levées de milice au plûtôt, afin que si la revolte venoit à éclater quelque part elle fust estouffée en sa naissance.

On découvrit plusieurs Gentils-hommes qui formoient vn Party; mais ils ne declarerent rien, sinon qu'ils vouloient faire exclure du Parlement les membres qui

avoient esté rejettez avant la
mort du Roy. On n'a pû
sçavoir si c'estoit-là leur veritable dessein, ou seulement
vn pretexte.

Cependant l'orage éclata
aux environs de Chester par
vn soulevement de plusieurs
Gentilshommes qui s'emparerent de cette Ville. Ils ne
manquerent pas de justifier
leur prise d'armes par vne declaration qu'ils firent courir,
dans laquelle ils protestoient
que leur but estoit seulement
de faire assembler vn autre
Parlement qui fust libre.
Londres se preparoit à suivre
cet exemple, en faisant vne

semblable declaration par vne Requeste ; mais comme elle estoit plus proche , elle en fut détournée par la publication d'vn Acte contre les soulevez , où ils estoient traitez de Rebelles.

On découvrit en mesme temps quelque complot autour de Londres , dont les principaux auteurs furent arrestez.

Cependant le bruit augmenta tout d'vn coup autour de Chester , & les Milices ne furent pas assez fortes pour l'étouffer. On commanda cinq mil hommes sous la conduite de Lambert

pour y aller en toute diligence. Les revoltez ne se fiérent
pas sur leur nombre, qu'on
faisoit aller à pres de huit
mil hommes. Ils crûrent
que la campagne leur seroit
toujours desavantageuse contre des Troupes aguerries,
& ils voulurent se retirer
dans la Ville. Lambert ne
leur en donna pas le temps,
il les deffit, & prit les Chefs
du party, qui par ce coup fut
entierement abbatu.

Cette sedition fut causée
par les Presbiteriens, qui
craignoient que le Parle-
ment ne leur ostât leurs dix-
mes, & ce fut injustement

que l'on accufa les Roialiftes d'en eftre les auteurs ,
puifqu'ils ne firent que fui-
vre les autres. Cependant
on croit que fi la premiere
rencontre euft efté favorable à leurs deffeins , ils auroient profité de l'occafion,
& que plufieurs s'y feroient
joints , qui ne jugerent pas
à propos de lever le mafque
dans ces commencemens.
Munk mefme qui comman-
doit l'Armée d'Efcoffe fut
foupçonné de ne leur eftre
pas contraire, parce qu'il parla de les accommoder avec
le Parlement. C'eft le premier pas qu'il fit, qui donna

fujet à plufieurs de penfer
qu'il n'étoit pas fi foumis au
Regime qu'il n'euft pû
abandonner aifement fes interefts pour favorifer ces derniers. La fuite a fait connoître que ce jugement étoit
bien fondé ; mais il n'eft pas
encore temps de penetrer
dans le deffein du General,
& il eft plus à propos de fui-
vre exactement fa conduite
qui fut admirable.

Dans cette defaite des revoltez , le Chevalier Boots
le plus accredité fut pris &
mené à Londres. Le Parle-
ment lui voulut faire fon procez , & l'interrogea. Il ne

deſavoüa pas d'avoir eu communication avec les gens du
Roi d'Angleterre. Il dit que
ſi les autres Chefs euſſent
voulu ſuivre ſon ſentiment
ils n'auroient pas attendu de
ſi prés l'Armée de Lambert,
& que tirant les choſes en
longueur, pluſieurs perſonnes ſe devoient joindre à eux.
Il pria le Parlement de ne
l'obliger pas à les declarer,
ne pouvant le faire ſans blef-
ſer ſa conſcience, & on eut
cette diſcretion que de ne lui
en demander pas davan-
tage.

Le Parlement affermi dans
ſon autorité par la ruine en-

tiere de ce Parti, & ceux qui avoient quelque deſſein de remuer, aiant veu combien la foibleſſe des nouvelles levées eſt grande, ſe continrent dans l'obeïſſance, & il recommença de faire vn reglement pour la Police.

D'abord il congedia la meilleure partie des Milices, il reſolut qu'en leur place pour ſoulager le Peuple, on leveroit dans toutes les Provinces de certaines Compagnies de Cavalerie à demie ſolde que le feu Protecteur avoit établies, il ordonna que la garde du Païs ſeroit confiée à la vicille Armée; & afin

que

que son paiement ne tournât pas à la foule du Peuple, que l'on vendroit le bien des coupables de cette derniere sedition , & de ceux qui avoient agi en faveur du Roy depuis l'année 1648. & en mesme-temps il donna des Commissions à cet effet.

Il fut en suite parlé de prendre quelque engagement contre la famille Roiale. L'affaire fut contestée de part & d'autre avec chaleur, & enfin ceux qui croient que I. Chr. doit venir regner visiblement sur terre (desquels le Chevalier Waine est le Chef) s'y étans opposés

F

comme à vne refolution qui
pouvoit bleffer leurs con-
fciences, la deliberation fut
interrompuë. D'vn autre côté l'Armée penfoit à agran-
dir fa puiffance, ou plutoft
les Generaux prenoient leurs
mefures pour s'attirer vne
partie de celle du Parlement.
Trois Colonels avoient efté
chargez d'vne Requefte
pour lui eftre prefentée, apres
qu'elle auroit efté examinée
dans le Confeil de Guerre.
Elle tendoit à ce que Fleytowlt fut declaré General, le
Colonel Defborow General
de la Cavalerie, & Munck
de l'Infanterie, que le paie

ment des arrerages deus à l'Armée fut fait au plutôt, & qu'il fut établi vn Senat coordonné en puissance aux Parlemens.

Le Parlement en eut avis avant qu'elle eût esté examinée par le Conseil de Guerre, & il enjoignit aux trois Colonels de l'apporter au plûtost, ce qu'ils firent sans difficulté. Elle fut jugée inutile, & de dangereuse consequence, & Fleytowlt fut chargé de faire sçavoir à l'Armée ce qui avoit esté resolu; ce qu'il fit avec tant de succez, qu'elle s'en deporta entierement. Il fut fort de

clamé dans cette feance contre Lambert que l'on accu-
foit d'en eftre le principal
auteur. Les Trouppes qu'il
commandoit eurent part à
ce qui fe dît contre le Chef,
& la conclufion fut de deliberer fi on devoit le mettre
dans la Tour de Londres.
Cette propofition neant-
moins ne fut pas pouf-
fée fort avant, bien que ce
ne fut pas fans juftice qu'il
en étoit accufé, & Fleytowlt
n'étoit que fa duppe comme
Farfaix l'avoit efté d'Olivier
Cromwel. Que fi fes mefu-
res ne lui reuffirent pas fi
bien qu'à ce dernier, c'eft que

celui-ci ne trouva aucune
perſonne puiſſante qui le tra-
verſât ; au lieu que l'autre
avoit Munck , & Lauſwm
contraire à ſes deſſeins, comme il ſe verra ci-apres.

Ce qui fit connoître que
Lambert n'étoit pas inno-
cent de ce qu'on avoit dit
contre lui dans le Parlement,
fut que le Conſeil de Guerre
s'étant aſſemblé, il dreſſa vn
autre Acte , où apres quelques ſoumiſſions affectées, il
juſtifioit Lambert & ſa bri-
gade de ce qui avoit eſté dit
contre eux dans le Parle-
ment; les Inſtances pour le
paiement de l'Armée y

étoient reïterées , il y étoit
demandé qu'il fuſt pourvû à
la ſubſiſtance des Soldats
eſtropiez, & des veuves de
ceux qui étoient morts dans
le ſervice,& qu'il fût ordonné
qu'aucun Officier, ni même
vn ſimple Soldat ne fut caſſé
que par le Conſeil de Guerre , ni établi que par vn Comité d'Officiers ; & enfin,
que comme le Parlement
étoit preſt de finir , & que
Fleytowlt n'avoit la Com-
miſſion de General que juſques à ſa diſſolution; on mit
ordre qu'il n'arrivât aucune
confuſion par le defaut d'vn
Chef qui la commandât pen-

dant l'entre-temps des Parlemens. Cette Requeſte fut preſentée par le Colonel Deſborow. Si elle n'étoit pas ſi contraire que l'autre à l'autorité du Parlement, au moins la diminuoit-elle beaucoup à l'égard de l'Armée, mais comme il n'y avoit rien qui le choquât directement, il ne pouvoit pas honneſtement l'éluder comme l'autre.

Auſſi fut-il ordonné que l'Armée en ſeroit remerciée, ſoit que le Parlement voulant ſe conſerver toute l'autorité, il n'oſat la choquer, ou que ſe voiant ſur l'heure de ſa diſſolution , il ne ſe ſouciat plus qu'elle devint puiſſan-te. Quant aux points parti-culiers de la Requeſte , il y fut répondu, qu'on avoit dé-ja pourvû à leur paiement, aux eſtropiez & aux veuves, & qu'on mettroit ordre au reſte le plûtoſt qu'il ſe pour-roit.

Munck voulant trouver vn pretexte pour venir à Londres, & deſirant gagner les bonnes graces du Parle-ment , dans l'eſperance de le faire ſeruir à ſes deſſeins, lui renouvella les aſſûrnnces de ſa ſoumiſſion , lui decla-rant qu'il avoit empeſché

que

que ses Officiers ne signas-
sent la Requeste des trois
Colonels, aiant sceu qu'elle
lui avoit esté desagreable; &
peu aprés le Parlement se
rompit, suivant ce qui avoit
eté arreté, laissant le Conseil
d'Etat pour gouverner.

Son dessein en se separant
étoit de contenter le Peuple,
& en suite de se rassembler,
en negociant son retour avec
l'Armée, qui aiant eu peine
à se soumettre à vn Parlement, en auroit sans doute à
dependre de ce Conseil. Aussi
voulut-elle qu'il y en eust vn
autre pour en diminuer le
pouvoir, & elle se tint ferme à

G

cette propofition.

Là-deſſus les Conſeils de Guerre & d'Etat entrent en conférence pour convenir d'vne forme de Gouvernement. On fait pluſieurs propoſitions à ce ſujet ; mais on n'y prend aucune reſolution , la plus grande partie de ceux-ci ne voulant pas ſe ſoumettre à l'Armée, laquelle de ſon côté refuſoit de recevoir la Loi du Conſeil d'Etat.

Cependant le Conſeil de Guerre s'attribuë l'autorité Souveraine , & diſpoſe des Charges de l'Armée. Il fait Lambert Major Général de

routes les forces, & Desborow Commiffaire general de
la Cavalerie. Il dépêche en
même-temps vers les Gou-
verneurs des Places, & les
Commandans des Troupes
des trois Etats, pour s'affeu-
rer d'eux, & pour les depo-
fer s'ils font difficulté d'o-
beïr.

Toutesfois il ne laiffa pas
de deputer cinq perfonnes
pour conferer avec cinq du
Confeil d'Etat, fur l'établiffement d'vn Regime, lefquels
apres plufieurs conteftations
convinrent d'vn Confeil, ou
Senat de vingt-huit perfonnes de toutes Profeffions, fa-

&ctions & Religions, dans lequel le Lieutenant General Fleytowlt, Lambert, Desborow & le Chevalier Waine fürent les Puissans, les autres y entrerent seulement pour faire le nombre. Cette resolution fut prise le deux Novembre 1659.

Il fut aussi arreté que ce Senat s'appelleroit Comité des affaires, autrement, pour veiller au salut de la Republique, qu'il ne decideroit rien qu il écouteroit seulement, confereroit & raporteroit le projet de ce qu'il y auroit à faire au bout de six semaines ; qu'en general il auroit le mê-

me pouvoir que le Conseil
d'Etat, & en particulier celui
de faire punir les coupables
de la derniere sedition, re-
primer toutes les émotions
& les bruits populaires, donner Acte d'indemnité à ceux
qui avoient servi l'Etat, lever
les millions dans les Provinces, mettre les Places &
les Charges en de bonnes
mains, & de traiter avec les
Princes & Ministres Etrangers; Enfin il fut resolu que
si dans six semaines il ne re-
gloit vne forme de Gouvernement, le Conseil de Guerre s'en chargeroit.

La premiere matiere que

ce Senat eut pour s'employer fut la Declaration que le General Munk fit par ses Lettres, qui arriverent à Londres le quatriéme Novembre d'être toûjours porté en faveur du dernier Parlement. Il y eut aussi des avis du méme jour qui asseuroient qu'aussitôt qu'il avoit sceu sa dissolution, il avoit assemblé les Officiers de ses Troupes, & leur avoit declaré son dessein, auquel s'etans tous soumis, il leur avoit ordonné de se tenir prests pour marcher au premier ordre.

Dés le lendemain le Senat lui depécha son beau-fre-

re & vnColonel qu'il chargea
de quelques propofitions, &
fur le foir on lui envoia vn
autre Officier pour lui declarer que la refolution avoit
efté prife de le combatre, s'il
ne fe foumettoit au plutôt.
Ces bruits ne troublerent pas
la tranquilité de Londres, les
Tribunaux de la Iuftice s'ouvrirent, & on l'y exerça à l'ordinaire. Munk de fon côté
ne perdit point de temps. Il
s'empara des principales Places de la frontiere d Angleterre & d'Ecoffe, & il écrivit
aux Eglifes que fon deffein
n'étoit autre, que de maintenir le Parlement dans vne

entiere liberté & dans ſes preꝛ
rogatives.

Sur ces nouveaux bruits
on crût qu'il falloit s'oppoſer
de bonne heure à ce torrent
qui menaçoit l'Angleterre,
avant qu'il eut pris ſon cours;
Lambert s'avance à la tête
de ſept ou huit mil hommes,
& de crainte que Londres
ne fît quelque ſoulevement
qui nuiſît à l'Armée, elle fit
lever les Milices du Païs qui
lui étoient affectionnez, avec
quelques nouveaux Regi-
mens.

Les choſes étant en cet
état, il eſt aiſé de juger l'im-
patience où chacun étoit

d'apprendre l'iſſuë du voiage
de Lambert, & du choc des
deux Armées, perſonne ne
doutant point qu'elles ne
vinſſent à vne bataille. Neantmoins les nouvelles qu'on
en eut furent bien contraires à celles qu'on en atten-
doit: car Munk voiant que
Lambert avoit pris les de-
vans, pour r'aſſûrer quelques
Villes qu'il avoit ébranlées :
Il donna promptement avis
à l'Armée d'Angleterre de
l'envoi de trois Officiers qu'il
avoit deputez pour traiter,
& qui arriverent à Londres
peu de jours apres. Ces Deputez apres huit jours de con-

ference avec les Chefs de l'Armée d'Angleterre arreterent ces articles, sans la participation des Ministres des Princes Etrangers, bien qu'il y en eut qui leur offrissent leur entremise.

1° Que le passé seroit oublié.

2° Que les personnes arretées par Munk seroient mises en liberté.

3° Que le droit du Roi & de sa Famille seroit abrogé & aboli.

4° Que les trois Etats seroient gouvernez en forme d'Etat & de Republique libre sans Roi, Maison de Pairs, ni aucune Maison particuliere.

5° Que deux Officiers de chaque Regiment des Armées des trois Nations, vn de chaque Garnison, & dix de la Marine, s'assembleroient le 26. Decembre en forme de Conseil general pour deliberer sur le Gouvernement qui leur seroit presenté par le Comité, & pour regler le pouvoir de ceux qui pourroient à l'avenir être deputez par le Peuple pour les Parlemens.

6° Qu'il y auroit vne autre assemblée de dix-neuf personnes, dont dix seroient

prifes hors de l'Armée, &
nommez par les Deputez de
Munk,& par les Officiers de
l'Armee d'Angleterre, & les
neuf autres feroient Officiers des trois Armées.

7º Qu'il fe fairoit vne af-
femblée à Neuvvcaftel le
premier Decembre, de fept
Officiers des Troupes d'Angleterre au choix de Lam-
bert, & de pareil nombre
de celles Munk, pour regler
les interefts de ceux qui
avoient été caffez ou inter-
dis dans ces derniers temps.

8º Que les Vniverfitez feroient fi bien reformées
qu'elles pûffent devenir des

Ecoles de pieté & science.

9° Que les Armées se re-
tireroient de part & d'autre,
& seroient disposées dans
leurs quartiers pour la seureté & pour la deffense de
l'Etat.

Durant ce temps deux
Officiers reformez presente-
rent vne Lettre à la ville de
Londres de la part de Munk,
par laquelle il l'exhortoit de
concourir au dessein qu'il
avoit de tirer le Peuple hors
d'esclavage, en convoquant
vn Parlement libre. Ils furent neantmoins desavoüez
vrai-semblablement, à cause
que la Lettre n'avoit rien

produit , & on les fit arreter.

D'vn autre côté le Comité ne laiſſoit pas de travailler à donner vne forme au nouveau Gouvernement qui ſe projettoit, & il fit à cet effet vn ſous-Comité ; Mais quoi qu'il eut été approuvé par le Conſeil de Guerre, il reſtoit encore pour lui donner la perfection, de la faire agréer à l'Aſſemblée generale arretée par l'accommodement qui venoit d'être fait avec Munk.

Les Officiers commençoient deja de s'aſſembler pour cet effet, & les Deputez de ce General étoient dans l'attente de la ratification du Traité qu'ils venoient de signer, lors qu'il arriva nouvelle qu'il demandoit la convocation du vieux Parlement, & l'independance de l'Armée d'Ecosse & de son Commandant, sans qu'elle fut vnie à celle d'Angleterre.

Cette maniere d'agir si impreveuë donna de nouvelles defiances au Regime. Il ordonna aussi-tôt à l'Armée de s'avancer vers Lambert, il pressa l'armement du Païs, & il fit redoubler la garde dans la ville de Londres, de

crainte qu'elle ne se decla-
rât pour Munk. Mais les
Lettres que le General écrivit à Fleytowlt du quatre
Decembre les remit vn peu,
il accusoit la reception du
Traité , se rejoüissoit de ce
que les dispositions au rétablissement de la tranquilité
publique étoient communes
aux vns & autres , & il leur
mandoit que comme il y
avoit encore quelque chose
à desirer pour l'affermissement & pour la perfection
de ce Traité, il envoioit deux
nouveaux Deputez pour y
travailler avec les trois autres ; & parce que le retarde-
ment

ment pouvoit eſtre tres-pre-
judiciable au repos des troi
Nations, par l'avantage qu
l'ennemi commun en tire
roit, il propoſoit Newcaſte
pour traiter avec plus de di
ligence, & ſa propoſition fu
embraſſée.

Il euſt été ſurprenant que
les eſprits d'Angleterre étans
ſi legers, Londres ſe fut te-
nuë dans le repos au milieu
de toutes ces émotions. Les
bruits qui y ſurvinrent furent
à la verité de peu de durée;
mais auſſi ne doit-on pas s'é-
tonner que des deſſeins populaires qui ſe forment ordi-
nairement en peu d'heures,

H

avortent aussi en peu de jours.
Les Aprentifs de la Ville dres-
serent vne Requeste pour la
convocation d'vn Parlement
libre, pour le rappel du dernier & pour l'entretien des
Ministres. Le Comité en
étant averti manda au Maire
de ne la point presenter , &
même lui deffendit de la signer. Le Maire pour s'en
defaire honnétement sans
offencer le Peuple fit trouver les Herauts malades.
Nonobstant cette excuse on
le presse de faire cette publication, & lui pour eluder
toûjours demande du temps
pour assembler le Conseil

de Ville. Cependant l'Armée impatiente de voir finir le bruit, sans attendre la deliberation de ce Conseil, envoie vne Compagnie de Cavalerie sur la bourse, & fait publier à son de Trompe les deffenses qu'elle avoit fait faire au Maire. Les Aprentifs s'y attrouppent, interrompent par leurs cris cette publication, & puis s'étans animez les vns les autres, ils se meslent parmi les Cavaliers, & à coups de pierre les obligent à se retirer.

La Cavalerie & l'Infanterie qui avoient leurs postes dans les principales places accourent au nombre de trois mil hommes, & se saississent des environs de la bourse. Le tumulte toutefois ne cesse pas, les boutiques demeurent fermées, & six Aprentifs vont à la Maison de Ville presenter leur Requéte signée d'vn grand nombre d'autres. On la lit, on établit vn Comite pour l'examiner, & on donne ordre au General Fleytowlt de retirer ses Troupes, & aux Maîtres des maisons de retenir les Aprentifs, chacun obeït, & la tranquilité se rétablit à l'instant.

On a voulu attribuër cette emotion aux Roialistes,

Munk en a aussi été accusé
avec plus d'apparence, parce
qu'il redemanda les deux Officiers reformez qui avoient
porté la Lettre dont il a été
parlé; mais on doit avec plus
de justice l'atribuer aux vieux
Parlementaires.

Or quoi que ce tumulte
fust cessé, la Ville & l'Armée
ne furent pas en meilleure
intelligence. Le Maire aiant
esté appellé par le Comite,
refusa d'y aller, & le Conseil
de Ville ne voulant dependre d'aucune puissance pendant l'Interregne, se declara
ouvertement pour la convocation d'vn Parlement libre,

& en porta vne Requeste aux principaux Habitans pour la signer. Il témoigna de ne desirer pas moins fortement l'éloignement de l'Armée, & il donna ordre à la Milice de la Ville de se tenir preste, Il établit encore vn Comité de seureté à l'exéple de celui de l'Armée, Enfin leur hardiesse alla à vn tel point que sur vne allarme qu'ils eurent que les Anabatistes vouloient se soulever, la garde de la Ville se mit sous les armes, sans que les Soldats de l'Armée osassent sortir de leurs postes. Les Generaux de leur côté qui sçavoient combien

Londres estoit capable de fortifier vn Parti, & qui aprehendoient la mauvaise volonté des Bourgeois, crûrent important de ne les pas abandonner, & de crainte que l'on ne forçât les corps de Garde qu'ils y avoient, ils les munirent de grenades & d'autres provisions de Guerre.

D'ailleurs les vieux Parlementaires qui, comme il a esté remarqué, n'avoient point renoncé au Gouvernement en se separant, & qui n'avoient autre but que de se rassembler, voulurent à la faveur de ce desordre s'asseurer de la Tour, & en prati-

quer le Gouverneur. La
negociation ne fut pas si se-
crette que l'Armée n'en euſt
avis, elle l'attira ſous pretexte d'vne conference entre
les Chefs & lui, & l'aiant re-
tenu Deſborow y fut envoié
pour en retirer les Officiers
ſuſpects. Le Corps de Ville
qui avoit part au deſſein des
Parlementaires, parut fort
refroidi par ce coup, & le
Maire intimidé commanda
aux Chefs de famille de ne
point laiſſer ſortir les jeunes
gens ni les Aprentifs, pre-
nant pour fondement la convocation d'vn Parlement
qu'il venoit de faire publier
pour

pour le 5.me de Fevrier, quoi qu'il n'en eût point d'autres affurances qu'vne fimple réponfe que Fleytowlt avoit renduë aux Deputez de la Ville qui l'étoient allé trouver au fujet de la Requefte des Aprentifs, & la communication, qu'il lui donna de la refolution prife par le Confeil general des Officiers fur la forme du gouvernement, dont le projet étoit tel.

Que vingt-vne perfonnes prendroient la qualité de Confervateurs des principes de la Republique.

Que la Roiauté ne feroit point exercée dans les trois

Nations.

Qu'aucune perſonne ſinguliere n'y feroit la fonction de Chef-Magiſtrat.

Qu'vne Armée feroit continuée, maintenuë & conduite de telle façon qu'elle pût afſeurer le Païs, & qu'elle ne pourroit être debandée, ni ſa conduite alterée que du conſentement des Conſervateurs.

Qu'aucune contrainte ne feroit faite à la conſcience de ceux qui craignent Dieu.

Que les pouvoirs legiſlatifs & executifs feroient feparez, & ne ſe mettroient point en même main.

Qu'enfin les deux assemblées du Parlement seroient élues par le Peuple legitimement qualifié.

Il étoit aussi arresté dans ce dernier article que le corps du Parlement seroit composé de deux Chambres, dont l'vne tiendroit lieu de Senat coordonné à l'autre en pouvoir; mais qu'elles ne pourroient point détruire les Conservateurs, ni ceux-ci donner atteinte à ces articles ou principes de la Republique.

En suitte on travailla à élire ces nouveaux Ministres, & à regler les qualifications

de ceux qui auroient voix
active ou paſſive à l'élection.
Munk cependant pour aſſu-
rer ſes Troupes ſous ſon
obeïſſance , leur avoit fait
paier deux mois de montre,
& avoit permis à ceux qui
n'étoient point dans ſes ſentimens de ſe retirer.

Mais bien loin que ſon
Parti en diminuât , il aug-
méta encore de Porthmowt,
le Chevalier Haſſellrigge qui
s'étoit joint à Munk s'y étant
jetté. L'Armée aiant nou-
velle de cette entrepriſe y envoia auſſi-tôt des Troupes.

Tous ces bruits étoient
mépriſez par le peuple de

Londres qui se preparoit à
goûter quelque repos sous
le Gouvernement d'vn Par-
lement libre, le Conseil de
Ville aiant resolu d'vser de
toute diligence envers l'Armée pour le faire convo-
quer. Mais l'Admiral Law-
son qui n'avoit point encore
paru dans tout ceci, vint
joüer son personnage à son
tour. Il s'avança dans la Ri-
viere avec quelques vais-
seaux, & il écrivit au Conseil
de Ville pour l'inviter à favoriser le retour du dernier
Parlement. Elles arriverent
comme on venoit d'y pren-
dre cette resolution. Elles

I iij

furent leuës en plein Confeil, neantmoins il ne fut
rien changé à leur arresté,
lequel estant conceus en termes generaux, sous ce mot
de Parlement libre, laissoit
la liberté à l'Armée & à la
Flotte de l'expliquer comme
elles voudroient. Il arriva
aussi que le temps de faire
l'élection des nouveaux Officiers de Ville estant venu, ceux qui furent choisis
étoient tres-affectionnez à la
Roiauté.

L'Armée aiant appris que
Lawson s'étoit avancé pour
favoriser le dernier Parlement, envoia le Chevalier

Waine, avec quelques autres
deputez pour traiter avec
lui. Il les fit conferer plusieurs fois avec les vieux Parlementaires sans rien con-
clure ; Enfin ceux-là voiant
qu'ils ne pouvoient plus em-
pécher le retour de ceux-ci,
ils consentirent qu'ils furent
rappellez, mais l'Armée n'en
eut pas le merite, car pendant qu'ils s'amusoient à negocier, les troupes qui ve-
noiét d'étre envóiées contre
les Parlementaires tourne-
rent casaque. On voulut en
envoyer d'autres contre cel-
les-là, les Officiers Subalternes refuserent d'obeïr, &

peu apres ils abandonnerent
tous leurs Chefs pour se joindre aux Parlementaires. Fleytowlt , & les autres principaux essaierent de ramener
à leur devoir ceux qu'ils
croioient leur estre mieux
affectionnez , mais ils s'ex-
cuserent sur la necessité où
ils étoient de suivre le plus
grand nombre.

Les Deputez du vieux Par-
lement se voiant la force en
main , s'assemblerent chez
leur Orateur , & envoie-
rent demander les clefs de
leurs Chambres à Feytowlt,
qui les leur enuoia sans difficulté. Ils reprirent donc

leur feance, & donnerent à
l'Orateur le Commande-
ment de l'Armée, laquelle
luy prefta dés le lendemain
le ferment de fidelité. Ces
nouvelles n'étoient pas en-
cores repanduës au dehors
qu'il vint des lettres de Munk,
Haffellrigge & du Com-
mandant de la Flotte, par laquelle la ville eftoit invitée
a favorifer le retour du vieux
Parlement. Le Confeil de
Ville delibera deffus, & fa refolution fut femblable à celle
qu'elle avoit déja prife fur
ce fujet, fe tenant toûjours
dans les termes generaux
d'vn Parlement libre, fans

s'expliquer davantage ; il declara aussi de vouloir remettre sa Milice, en établir les Officiers comme il lui plairoit, & de desirer qu'on rendît les chaînes aux Bourgeois. Tout cela ne blessoit point le Parlement ; mais il demanda de plus qu'on rappellât les membres qui en étoient absens, sous pretexte que ceux-ci estant en bien plus grand nombre, ce Corps ne pouvoit être que defectueux tant qu'ils en demeureroient exclus. Cette proposition donna la hardiesse à vingt-cinq de ceux qu'on avoit fait retirer en 1648. pour avoir été attachez au Parti du Roi de se venir presenter à la porte du Parlement ; mais les autres dont le but étoit de s'attribuër toute l'autorité, leur refuserent l'entrée, sçachant bien que s'ils les admettroient ils ne seroient plus maîtres d'aucune deliberation, parce qu'ils auroient plus de voix , & qu'ils se trouveroient d'ordinaire d'vn même sentiment , tout contraire au leur. Ces Deputez chaffez vne seconde fois menacerent de former vn Parti dans la Ville qui s'étoit deja affez declarée en leur faveur. Le Parlement

pour eviter ce coup, & neantmoins eluder leur reception,
ordonna que le 15. Ianvier
on discuteroit s'ils devoient
être admis ou non, & cependant vn Comité fut établi
pour examiner tous les ordres
& les raisons que les Membres absens pouvoient avoir.

Ce jour venu, on delibere
sur cette affaire, & on resout
l'exclusion des Membres é-
loignez en 1648. mais à condition que le remplacement
tant des exclus qui étoient
encore en vie, que de ceux
qui étoiét morts, se feroit par
de nouvelles élections. On
declara en même téps Munk

General des forces des trois Etats, en reconnoiſſance de l'obligation que le Parlemét lui avoit de ſon retour, & on arrêta l'abjuration de la Famille Roiale. Ce dernier article ne paſſa pas ſans conteſtation, & pluſieurs témoignant de la repugnance à s'y ſoûmettre, on parla de le moderer.

Mais pendant que cette reſolution ſe fait à Londres, voions ce qui ſe paſſe à la frontiere d'Ecoſſe. Auſſi-tôt que Lambert qui étoit allé contre Munk, eut appris la revolte arrivée dans l'Armée d'Angleterre, il retourna vers

Londres en toute diligence, à ce retour inopiné plusieurs Villes le voiant éloigné chasserent leur Garnison & demanderent vn Parlement libre.

Fairfax parut aussi en armes à la tête de la Noblesse de son païs & fit la même declaration. Ces nouvelles venuës à Londres, le Conseil de Ville deputa devers Munk à même fin, mais ces Deputez n'en eurent que des paroles fort generales. Ces soulevemens subits de tous côtez firent aprehender à Lambert que ses troupes ne l'abandonnassent, à l'exemple de celles de Londres. Il protesta donc de ses soumissions au Parlement, & il se retira avec quelques-vns de ses amis. A cette retraite Fairfax s'en retourna aussi chez lui, disant n'avoir pris les armes que pour empêcher le pillage de son païs, & les Villes qui avoient remuez se voïant privées du secours qu'elles en attendoient se soûmirent & le calme se remit par tout en vn instant.

Ainsi Munk aïant amusé les Chefs de l'Armée de Londres par diverses conferences, pendant que les vieux Parlementaires ausquels il s'étoit vni travailloient à la

débaucher , il se vit le plus
puissant sans avoir tiré l'épée,
& il se mit en état de donner
la loi aux trois Roïaumes.   Il
n'abusa pas toutefois de son
autorité dans ce commencement , & fut en apparence é-
galement soumis au Parle-
ment dont il esperoit beaucoup pour ses desseins.

Or quoi que tout fît joug
à ce regime, Londres neantmoins ne pouvoit se conte-
nir, & les Deputez de la Bour-
geoisie donnerent vn me-
moire au Conseil d'Etat qui
contenoit deux points, à sçavoir la convocation d'vn Parlement libre, & vne declaration

tion de vouloir mettre leur milice fur pied, & de tenir leurs chaînes prêtes pour s'en fervir en cas de befoin.

Le Parlement les menaça de faire entrer trente mil hommes dans leur Ville, & les intimida fi fort qu'ils retirerent leur requefte. Cependant pour prevenir entierement le trouble, il manda à Munk de s'avancer en diligence. A l'approche de ce General, il envoïa des Deputez le complimenter comme fon confervateur. La Ville ne manqua pas de faire marcher les fiens, & les Membres exclus luy porterent leurs plain-

K

tes contre le Parlement.

Il entretint l'efperance de tous par fes réponfes, fans declarer fes veritables fentimens. Il rendit neantmoins cette deference aux Commiffaires du Parlement, qu'il ne voulut point entendre les Deputez de la Ville qu'en leur prefence, & il témoigna hautement qu'il n'étoit pas fi lâche ni fi méconnoiffant, que d'agir contre ceux de qui il tenoit fa grandeur.

Plufieurs Provinces lui deputerent auffi; les vnes pour le prier de faire rétablir dans le Parlement les Membres qui en avoient été exclus, fans

qu'ils priſſent aucun engagement, & les autres pour demander la convocation d'vn
Parlement libre.

Il répondit à ceux-ci qu'ils
n'en pouvoient deſirer vn
plus libre que celui qui étoit
aſſemblé, & qu'il l'étoit plus
qu'aucun autre qu'on eût veu
en Angleterre : & à ceux-là,
que ce qu'ils demandoient
étoit contre la coûtume, &
qu'on rempliroit les places
des Deputez qui manquoient
auſſi-tôt qu'on auroit reglé
leurs qualifications.

Il écrivit auſſi à ſa Province qui entroit dans les ſentimens de Londres, pour la

confirmer dans l'obeiſſance; adjoûtant à ce qu'il avoit dit aux Deputez les raiſons qui s'oppoſoient au retour de la Famille Roiale.

Les Parlementaires ne pouvoient pas demander à Munk plus de ſoumiſſion, mais nonobſtant toutes ces marques apparentes d'vne dependance entiere de leurs volontez, il diſpoſoit ſans ſes ordres non ſeulement de ſes troupes, mais auſſi de celles de la campagne, & il entreprit même de changer des Officiers affectionnez au regime pour en mettre d'autres en leurs places qui y étoient contraires.

Neantmoins comme la principale aprehenfion étoit du côté de la Ville, le Parlement s'appliquoit fi fortement à la tenir dans l'obeiſſance qu'il ne remarquoit pas l'autorité que Munk vſurpoit à ſon prejudice.

Dans cette crainte il fit avancer quelques troupes en diligence, en attendant que le reſte pût y arriver avec le General. Cependant il lui confirma la qualité qu'il lui avoit déja donnée, & il fit loger ſa famille dans Witehall.

Il ordonna auſſi vne Impoſition de 200000. livres par mois, & pour la faire recevoir plus agreablement en donnant quelque satisfaction au Peuple, il fit courir vne declaration contenant ces articles.

Qu'il établiroit vn Gouvernement libre sous la direction des Parlemens sans Roi ni Seigneur.

Qu'vne Armée seroit formée pour estre maintenuë sous l'autorité civile tant qu'elle seroit necessaire pour la seureté publique.

Que toutes les questions & procedures concernant les vies & Etats des Peuples seroient reglées à l'avenir selon les Loix du Païs.

Que le Parlement ne fe mefleroit point de l'admini-ftration ordinaire, ni de l'exe-cution des Loix.

Qu'il feroit pourveu au foutien des Miniftres par la continuation du paiement de leurs dîmes , qui étoit le revenu le plus commode pour les entretenir; comme auffi à la liberté de confcien-ce en matiere de Religion.

Que les Vniverfitez fe-roient entretenuës, & même leurs privileges augmentez s'il étoit jugé neceffaire.

Que le Parlement s'appli-queroit aux moiens de repa-rer & augmenter le commerce, & de foulager le Peuple des grandes Impofitions dont il avoit été chargé par la mauvaife conduite des precedens Regimes.

Cette declaration n'empefcha pas que la nuit du 12. Fevrier l'Infanterie qui étoit dans la Ville ne fe revoltât, & qu'vne partie s'étant cantonnée dans Sommerfet, apres avoir chaffé fes Officiers, ne publiât hautement qu'elle ne vouloit obeïr qu'à ceux qui la paieroient.

Sur ce bruit le Parlement manda Munk de s'avancer en toute diligence. Il obeït, & entra dans la Ville le matin

tin du 13. Fevrier à la teste de
ses Troupes; sa presence, &
vn mois de paie qu'on fit
toucher à celles de Londres
les ramena à leur devoir.

L'Orateur du Parlement
croiant qu'il viendroit des-
cendre chez lui, quitta le
Corps pour aller le recevoir,
mais s'étans rencontrez dans
le chemin ils mirent tous
deux pied à terre, & apres
plusieurs civilitez marcherent à Witehall. Les autres
Deputez aians appris son arrivée allerent aussi-tôt le complimenter.

Il les asseura d'vne obeis-
sance aveugle pour tous leurs

ordres, jufques à remettre fa
Commiffion fi on le jugeoit
à propos pour le bien de l'E-
tat. Il continua neantmoins
à difpofer des Trouppes avec
la méme hauteur, & fous
pretexte de la fedition arrivée, il envoia ordre de fon
chef à l'Armée de Londres
de s'en éloigner. Le Parlement trouva ce coup affez
abfolu, fans toutefois témoigner qu'il le defapprouvât.

Quatre jours apres il alla
faluër ce Corps, les Trouppes
s'étans mifes en haie dans
fon paffage. Il parla pour
vn Parlement libre, fans s'expliquer plus particuliere-

ment , & pour le foulage-
ment de l'Ecoffe & de l'Irlande.

Tout l'Etat témoignoit
defirer auffi vn Parlement
libre , mais avec plus d'em-
preffement, que les mécon-
tens augmentoient de tout
leur pouvoir. Vn des Com-
tez d'Angleterre envoia con-
vier Londres à vne vnion,
pour ce fujet. Elle en receut
la propofition avec joie, &
remerciement,& cette vnion
donnant de la hardieffe au
Confeil, il delibera fi la Ville devoit paier les taxes or-
données par celui qui eftoit
affemblé. La pluralité des

voix y fut contraire; mais afin d'avoir le General favorable, on convint de furfoir toute refolution jufques à ce qu'on en euft conferé avec lui.

Le Parlement offencé de cette deliberation veut en punir la Ville fans attendre cette conference, & de crainte qu'elle n'attribuë le châtiment au defir qu'il avoit de fe conferver l'autorité, il refout d'attirer ces Provinces dans fon Parti en leur donnant fatisfaction par vne nouvelle élection pour remplir les places vacantes. Munk les y invite, & mefme les en

preſſe ſans qu'il en puiſſe tirer autre choſe que des deliberations generales ſans aucune reſolution preciſe, pas
vn ne voulant partager l'autorité avec de nouveaux venus. Cependant ils crurent
avoir donné aſſez de ſujet au
Peuple d'eſtre content, en
s'eſtant mis en devoir de faire ce qu'il deſiroit, & ſur ce
fondement le Conſeil d'Etat
ordonne à Munk d'ôter les
chaînes & les potaux de la
Ville, d'en bruler les portes,
d'emprisóner quelques bourgeois, de contraindre le Gref-
fier de porter au Parlement
les Regiſtres du commun

Conseil, & de faire declarer
pa rle Maire & par les Echevins si la Ville vouloit acqui-
ter les taxes, où non.

Le General marche dés le
lendemain matin du 15. par
les ruës à la teste de ses Troupes, execute ponctuëllement
ces ordres, à la reserve de celui qui lui enjoignoit de bruler les portes, dont il pria le
Parlement de le dispenser,
l'asseurant qu'il avoit trouvé
les bons Bourgeois si dispo-
sez à paier, qu'il esperoit
qu'on ne voudroit point en
venir à cette extremité.

Le Parlement sans avoir
egard à sa recommandation

caſſe le Conſeil de Bourgeoiſie , il lui commande dere-
chef de faire ce qui lui a eſté
ordonné, & il delibere ſi on
ne devroit point donner l'Armée à cinq Commiſſaires. Il
obeït, il brûle les portes ſans
reſiſtances , & il demande de
l'argent au Maire, qui s'excu-
ſe ſur ce qu'il ne peut rien
faire ſans le Conſeil de Ville
qui venoit d'eſtre caſſé.

Cependant quoi que Munk
eût executé tout ce qu'il lui
avoit eſté commandé, il ne
laiſſa pas d'eſtre offencé du
peu d'état qu'on faiſoit de
ſon interceſſion, & en fit paroître du mecontentement.

Les ennemis du Regime ne laifferent pas échaper cette occafion ; ils lui remirent devant les ieux les obligations que le Parlement lui avoit, & la maniere defobligeante dont il en vfoit à fon égard. Ils lui exagererent la propofition qui avoit efté faite de donner l'Armée à cinq Commiffaires, & lui infinuerent qu'on ne l'avoit chargé de cette execution que pour le rendre odieux au Peuple, & lui ôter enfuite le commandement des Trouppes avec plus de facilité.

Il crut aifement à des apparences fi bien fondées, &

pour ne pas demeurer expo-
fé à la mauvaife volonté du
Parlement, apres s'eftre af-
feuré de fes Officiers, il refolut de s'vnir avec la Ville
contre ce Corps. Dans ce
deffein il fit avertir le Maire
de ne pas s'étonner de fon
retour, & peu apres il alla le
trouver chez lui à la tefte de
quelques Compagnies de
Cavalerie.

En montant à cheval il envoia vne Lettre au Parlemét,
par laquelle il fe plaignoit de
la dureté des ordres qu'on lui
avoit fait executer, des mefures qui fe prenoient avec
les Sectaires fes ennemis, juf-

ques-là mesme que la Requeste par laquelle ils demandoient que les nouveaux membres prissent engagement contre la Famille Roiale, avoit esté bien receuë, & que Lambert, le Chevalier Waine & les autres coupables de la derniere sedition demeureroient impunis, ce qui tendoit à le ruïner. Et apres leur avoir fait des reproches du peu de disposition qu'ils avoient à remplir les places vacantes, il les sommoit d'envoier dans quatre jours des Mandemens dans les Provinces pour l'élection des nouveaux Depu-

tez, fans les affujettir à aucun
engagement, & fans autre
exclufion que celle des Roialiftes. Il témoignoit auffi defirer qu'ils ne continuaffent
pas leur feance au delà du 15.
Mai fuivant, & qu'vn autre
Parlement libre fuft convo-
qué pour le mefme temps,
fur tous lefquels points il di-
foit attendre vne réponfe pre-
cife chez le Maire de la Ville.

Auffi-tôt que le Parlement
apprit ce changement il lui
envoia les mefmes Deputez
qui l'avoient efté recevoir.
Ils lui témoignerent le regret
que ce Corps avoit de lui

avoir donné ſujet de mécontentement. Ils deſavoüerent la pretenduë correſpondance avec les Sectaires, ils rejetterent les retardemens qu'on apportoit au procez de Lambert & des autres, ſur la difficulté qu'il y avoit de les convaincre, & ils aſſeurerent qu'ils étoient preſts de faire tout ce qu'il pouvoit deſirer d'eux, excepté ſeulement de rappeller la Famille Roiale. Ces proteſtations ne firent aucun effet ſur ſon eſprit, & il demeura ferme dans les termes de ſa Lettre. Le Parlement aiant appris cette fermeté de Munk, & n'étant pas en état de lui refifter fans l'appui de l'Armée qui s'étoit feparée de fes interefts pour entrer en ceux de ce General; il refolut d'envoier au plûtôt les ordres pour les nouvelles élections. Cependant comme il n'avoit plus Munk à menager, il nomma cinq Commiffaires pour commander l'Armée, dont neantmoins il en étoit vn; de forte qu'il eût toûjours le même pouvoir, & les autres n'eurent que l'honneur d'avoir efté choifis pour cet emploi.

Dans ce même temps le Maire & les Aldermans s'é-

tans aſſemblez dans la Maiſon de Ville, l'Advocat de
l'Armée témoigna le deplai-
ſir qu'elle avoit de l'execution qui s'étoit faite dans la
Ville, il accuſa les Soldats de
Haſſelrige d'avoir brulé leurs
portes, & il declara qu'elle
étoit reſoluë de s'vnir aux
Bourgeois pour la convocation d'vn Parlement libre,
pourveu qu'ils vouluſſent lui
donner des quartiers. Le
Corps de Ville accepta cette propoſition avec joie, les
quartiers furent diſtribuez,
& tous les Bourgeois s'em-
preſſerent à l'envi à qui auroit des Soldats pour hôtes.

Il y en euſt qui ne purent cacher leurs ſentimens particuliers dans la joie que tout le Peuple avoit de ce changement, & qui beurent publiquement à la ſanté du Roi avec deriſion des Parlementaires. Cette vnion augmenta l'autorité du General, & le Parlement ne pouvant pas lui reſiſter, il fuſt contraint de regler les qualifications des Deputez, ſans autre engagement que contre vn Roi, ou vne perſonne ſinguliere, & contre la Chambre des Pairs. Il ordonna auſſi à Lambert & aux autres de ſe repreſenter dans la huitaine. Mais ce premier aiant eu recours à la protection de Munk, il obtint par la faveur du General quelque delai aux procedures qui se faisoient contre lui. Toutesfois ce delai fut court, & il fut peu de téps apres remis dans la Tour pour n'avoir pû lui donner caution de sa conduite. Waine & Ludlow Chefs des Sectaires en furent quites pour estre chassez.

Or comme il y avoit encore du temps jusqu'à la convocation d'vn Parlement libre, Munk voulut essaier de reconcilier les Membres exclus avec les autres. Ce ne fut

fut pourtant pas fans peine,
ceux-ci pretendans qu'ils ne
doivent eftre receus qu'avec
engagement contre la Famille Roiale, & ceux-là ne voulant fe foumettre à aucune
condition. Voici comme cet
accommodement fe fit.

Durant ces negociations
Munk retourna à Witehal, &
les anciens Deputez aiant
cru qu'il vouloit fe rattacher
à leurs interefts, allerent pour
lui en faire compliment. Il
les en defabufa, & leur témoigna de defirer toujours qu'ils
receuffent les Membres exclus. Ils le prierét qu'au moins
ils s'engeaffent contre la Fa-

mille Roiale ; mais il traita
cette precaution d'inutile.

Là deſſus les Membres ex-
clus étans entrez dans la ſalle, il leur dit qu'il étoit bien
aiſe de les voir tous enſemble pour leur declarer ſes ſentimens avec plus de liberté, &
que pour le faire plus nette-
ment il les avoit mis par écrit,
& il leur fit lire cet écrit, qui
contenoit. La neceſſité que
l'Angleterre avoit d'vn Parlement libre, & les avantages
que la Nation en devoit retirer.

Que la Ville de Londres
qui eſt le boulevart des Parlemens en étoit ſi conuain-

cüe , qu'on ne devoit point attendre qu'elle se desistât d'en poursuivre la convocation.

Que la Monarchie ne pouvant se rétablir sans les Prelatures, on ne devoit point l'aprehender, à cause de l'engagement qui avoit été pris pour les empescher.

Ils étoient ensuite conviez à aller tous prendre promptement leurs places pour pourvoir aux necessitez de l'Armée, & pour convoquer vn Parlement libre des trois Nations pour le 30. Avril, suivant la repartition faite en l'année 1654. afin que ce nou-

veau Corps établit au plutôt
vne Republique sans vne personne singuliere.

Enfin il concluoit par l'af-
seurance d'vne obeïssance
aveugle de l'Armée, si leurs
conseils étoiét sinceres, mais
au contraire, que s'ils agis-
soient par interest, il les af-
seuroit qu'il n'y auroit que
de la confusion dans tout
l'Etat. La lecture finie ils allerent tous prendre leur place sans bruit.

L'Armée trouva ce rétablis-
blissement mauvais, parce
que ces exilez étoient Roialistes, & elle en témoigna du
mécontentement. Munk l'a-

paiſa en repreſentant aux mé-
contens les engagemens que
ces Deputez avoient pris au
contraire.

Le Parlement étant ainſi
reuni il commença par caſ-
ſer tous les actes faits auparavant. Il declara Munk Capitaine & Commandant en
chef des forces des trois Na-
tĩons, & il le mit du neauveau
Conſeil d'Etat. Il ordonna
que tous les ordres pour l'Armée lui feroient communi-
quez avant que de les faire
executer. Il rétablit le Conſeil de Bourgeoiſie, il donna
permiſſion au Maire de remettre les chaînes dans la

Ville & de refaire les portes,
il élargit les Bourgeois qui
étoient dans la Tour, & le
Chevalier Boots qui peu apres
fuft rétabli en fon premier
rang. On rendit auffi les privileges à la Ville & au Comté de Chefter qui leur avoient
efté ôtez à caufe de la derniere revolte de ces quartiers-
là, où ils avoient eu part. Il
refolut auffi de convoquer vn
autre Parlement au 25. Avril,
établiffant des Commiffaires
pour regler les qualifications
de ceux qui devoient eftre
éleus pour y entrer; & à l'in-
ftance de Munk, il arrefta
qu'il fe fepareroit au 23. de

Mars, laiſſant le Conſeil pour gouverner le reſte du temps.

La Ville reprenant cœur par les reſolutions du Parlement en ſa faveur, voulut rétablir ſes Milices, ce qu'elle fit, mais il lui en couta cent mil livres ſterlin, par la reſiſtance que Munk y apporta, & encore falut-il qu'il en fut le Chef.

Cependant le Parlement travailloit à la forme des mandemens neceſſaires pour la prochaine élection ; & comme on opinoit ſur ce ſujet, on parla de convoquer l'aſſemblée au nom du Roi, afin que tout fut fait juriſdique-

ment. Cette opinion neantmoins ne fut pas suivie. Il ar-
resta de plus la levée de Milice de la campagne sous le
commandement de Munk,
sans toutefois lui attribuër la
disposition des Charges, &
pour ce qui regardoit l'abjuration de la Famille Roiale,
il ordonna seulement que le
convenant seroit affiché dans
les Eglises & dans le Parlement pour faire ressouvenir
les Peuples de ses anciens engagemens. L'Armée éton-
née de ces deliberations qui
alloient au retour du Roi, fit
vne Requeste, par laquelle
elle demandoit vne abolition

de

de tout le paffé, la confirmation de la vente des biens
confifquez , l'établiffement
d'vn Gouvernement fans
Roi, ni perfonne fingulie-
re, & la furfeance de la levée
des Milices. Elle fut com-
muniquée au General qui
l'approuva, & fe chargea d'en
conferer avec les Membres
du Parlement ; ce qu'il fit à
la verité, mais fans rien re-
foudre; en forte qu'elle n'eut
aucun effet. Or de crainte
que cela ne produisît du bruit
dans l'Armée , on fit commandement aux Officiers de
fe retirer inceffamment en
leurs quartiers , & ils obeï-

N

rent sans resistance.

Le moien de faire des brigues leur étant ainsi ôté, le Parlement fit mettre sur pied les Milices du Païs. Les Republicains firent leurs efforts pour l'empescher, toutefois quelque repugnance qu'ils y témoignassent on ne les leva pas seulement, mais aussi le commandement en fut deferé aux Roialistes, entr'autres celles du Comté de Chester au Chevalier Boots. Toute la satisfaction qu'on leur donna, fut qu'on leur promit d'obliger tous ceux qui seroient emploiez dans ces levées, à reconnoître la der-

niere Guerre legitime, & cet
acte fut conceu en des termes si équivoques, que le ferment qu'on leur fit faire pouvoit aussi bien estre pris pour
vne condemnation de tout
ce qui s'étoit fait contre le
Roi, que pour vn aveu du
passé.

Le Parlement aiant établi
cet ordre & arresté l'acte pour
la convocation du prochain,
avec la clause, sans prejudice
du droit des Seigneurs, qu'on
en pretendit s'étendre jusqu'au Roi même, il se separa
le 25. du mois de Mars, ainsi
qu'il l'avoit resolu. Aussi-
tost apres sa dissolution le

Conseil d'Etat qui étoit demeuré pour gouverner, se declara pour le Roi. Munk ne l'avoit encore point fait ouvertement, & il s'étoit contenté de protester qu'il s'en tiendroit aveuglement à tout ce qui seroit ordonné par le prochain Parlement, & qu'il porteroit les Trouppes à la même obeïssance. Cependant apres que l'Armée fut affoiblie par la separation des Corps & des Officiers, & par la levée des Milices ; & que le Conseil d'Etat eut levé le masque, il en fit de même en reformant les Officiers qui étoient trop Republicains, pour mettre des Roialiftes en leurs places, & en changeant plufieurs Regimens aufquels on ne fe fioit pas.

Mais avant que de paffer outre examinons brevement la conduite de Munk. Ceux qui veulent faire voir dans ce qui fe paffe vne grande fuite d'intrigues, difent qu'il avoit pris la refolution de rétablir le Roi d'Angleterre du moment qu'il fe declara pour le vieux Parlement, & veulent que tout ce qu'il fit depuis ne fut qu'en execution de ce premier projet. D'autres croient que fon deffein étoit de s'élever à la place d'Olivier, & qu'il ne s'attacha aux interests du Roi que lors qu'il connut qu'il ne pouvoit faire aucun fondement asseuré sur le Parlement, ni sur le Peuple.

La verité est que Lambert & Lawson aïant dessein d'vsurper l'autorité Protectorale apres la chute de Richard, Munk qui n'estoit pas moins ambitieux ne voulut obeïr ni à l'vn, ni à l'autre de ces deux pretendans, & il resolut de s'attacher aux interests du Roi. Il s'en ouvrit à quelques Milords affectionnez à sa Majesté qui avoient entrée aux Parlemens, & depuis ce temps il eust toûjours communica-

tion avec elle par leur moien.
La desvnion du Parlement
& de l'Armée estant arrivée,
il prit le Parti de celui-là,
pour ruïner celle-ci, à quoi il
reussit heureusement.

Ensuite il s'attacha au Peuple pour s'en servir à détruire la faction Republicaine
qui estoit la plus puissante
dans le Parlement, en y faisant recevoir les membres exclus qui estoient tous Roialistes, & avec qui il estoit
d'accord. Enfin aiant reduit
& l'Armée d'Angleterre que
Fleytowlt commandoit & le
Parlement au point où il les
vouloit, & n'aiant plus rien

qui lui refiftât, il en fit de mefme de fes Trouppes, & ainfi il rendît le Roi Maître abfolu dans l'Angleterre avant que perfonne fe fuft declaré ouvertement pour lui.

Quant à Lawfon il femble qu'il ne s'vnit pas avec Munk avant que ce General s'aprochât de la Ville; cependant plufieurs affeurent que voiant que le credit de Lambert l'emportoit fur le leur, il prit le Parti du Roi prefqu'au même temps que Munk; mais comme il a peu de part à ce recit, il vaut mieux le continuër.

Le Confeil d'Etat & l'Ar-

mée, estant donc ainsi d'accord, tout fust disposé en peu
de temps au rappel du Roi.
On ne se cacha plus pour
en parler , & l'on proposa
mesme dans le Conseil en
quel lieu il auroit à se trouver
pour recevoir les propositions qu'on avoit à lui faire.

De Bordeaux Ambassadeur
du Roi Tres-Chrestien proposa qu'on choisît quelqu'v-
ne des Villes maritines de
France comme estant les
plus proches des côtes d'Angleterre , & cette proposition auroit sans doute esté a-
greée, si le Chevalier Heyd-
des qui ne vouloit pas que la

Reine d'Angleterre euſt part à cet accommodement, ne leur euſt fait apprehender que les François amateurs d'vne Monarchie abſoluë feroient leur poſſible pour y ſoûmettre l'Angleterre, & que cette Princeſſe paſſionnée pour ſa Religion ne manqueroit pas à faire gliſſer dans le Traité des conditions contraires aux Loix du Païs. Ces raiſons firent qu'ils ſe déterminerent à vne Ville ſujette aux Etats des Provinces Vnies.

Pendant que ces choſes ſe paſſent à Londres on s'applique dans les Provinces aux élections pour le prochain Parlement, & la pluspart de ceux que l'on choisit sont favorables au Roi. Les Republicains voient ces choses & s'en desesperent, parce qu'ils n'y peuvent trouver aucun remede, Munk mesme aiant refusé l'appui qu'ils lui avoient offert pour se faire Protecteur.

L'Armée d'vn autre costé n'estant plus en état de rien entreprendre, bien loin de se plaindre reçoit l'engagement qui lui est presenté par le General, & consent de se soûmettre à tout ce qui sera ordonné par le Parlement. Lam-

bert à la verité leur avoit donné quelque joie apres s'estre
sauvé de la Tour de Londres.
Flaté d vn secours estranger
considerable qui lui estoit
promis par la Holande, il ra-
massa quelques Trouppes &
se mit en état de former vn
Parti ; mais estant surpris par
les Milices, il fut defait , pris
prisonnier & remis en la Tour
avec celui qui y cómandoit, à
la negligence duquel on im-
putoit sa fuite ; ainsi leur esperance s'évanoüit entierement.

Ils ne pouvoient neant-
moins se resoudre à vn si grád
changement , & duquel ils

n'avoient que trop de fujet
d'aprehender les fuittes. Or
côme ceux qui eftoient eflus
pour compofer le nouveau
Parlement eftoient pour la
plufpart des jeunes gens, ils
prirent delà occafion de demander vne Chambre des
Seigneurs qui avoient efté engagez en la derniere guerre,
afin de moderer l'ardeur des
autres. A cette propofition
ceux qui n'avoient point eté
embaraffez dans les derniers
troubles s'éveillerent, & ils
demanderent d'y eftre auffi
admis. La decifion de ce di-
ferent eftant remife au jugement de Munk, ceux-ci n'eu-

rent pas beaucoup de peine
à gagner leur cauſe, & même
ils eurent plus de part que les
autres à cet eſtabliſſement.

Enfin le cinquiéme Mai
eſtant venu le nouveau Parlement s'aſſembla ; on n'y fit
pourtant rien de conſiderable juſqu'au onziéme, qu'on
y lut des Lettres que Munk
avoit receuës du Roi, & qu'il
avoit données à l'Orateur de
ce Corps, n'aiant pas oſé (di-
ſoit il) les ouvrir. A peine fu-
rent-elles leuës qu'vn Gentilhomme ſe preſenta à la porte avec vne dépeſche de ce
Prince. On le fit auſſi-tôt
entrer, & il la remit à l'Ora-

teur avec vne declaration. La lecture fut faite de ces pieces qui eſtoient dattées de Breda, elles contenoient vne abolition generale pour tout ce qui avoit eſté fait, à la reſerve ſeulement de ceux que le Parlement jugeroit indignes de cette grace, & vne promeſſe de remettre au jugement de ce Corps l'accommodement des biens confiſquez, & les affaires de la Religion à vn Sinode national, avec aſſeurance de toute faveur à l'Armée, & de l'entier paiement de ce qui pouvoit lui eſtre dû. Pendant que cette lecture ſe faiſoit en la

Chambre des Communes, le
mesme Gentilhomme porta
vne semblable depesche à celle des Seigneurs. Apres quelques discours à la loüange du
Roi, dont cette lecture fut
suivie en l'vne & en l'autre
Chambre, on y resolut de lui
envoier cinquante mil livres
sterlin par quatre Deputez
de chaque Chambre. Ensuit-
te il fut arresté que l'Angleterre seroit gouvernée comme par le passé, & qu'il seroit
avisé aux moiens de faire revenir le Roi au plutôt.

L'Armée se soûmet d'a-
bord à cette resolution par
vne declaration qu'elle donna

na au General. Le Peuple
en témoigna vne joie extraordinaire , & le Parlement
manda aux Seigneurs qui a-
voient porté les armes pour
le Roi de venir prendre place, sans en excepter mesme
les Catholiques. L'Armée
prit ombrage de cette derniere resolution, parce qu'elle la soûmettoit à ses ennemis, & elle en fit vn si grand
bruit que l'on jugea à propos
de la contenter sur ce sujet.
On donna donc l'exclusion
à ceux-là, laissant neantmoins
la liberté à ceux-ci d'y entrer,
ce qu'ils refuserent pour lors,
témoignant qu'ils ne vou-

loient pas se separer des autres, mais l'Armée estant ap-
paisée ils vinrent tous prendre leur place.

On s'étonnera sans doute
d'vne revolution si prompte,
mais ce qui est le plus surpre-
nant, est que si le Roi doit son
retour à ceux qui avoient esté
toûjours attachez à son Parti, il est redevable à ceux qui
avoient esté ses ennemis, de
ce qu'il a esté rappellé sans
aucunes conditions. Car ces
premiers voulant parler de
donner quelque borne à son
autorité, ces derniers crûrent
qu'ils ne pouvoient trouver
vn moien plus propre pour

faire oublier le paſſé, que de ſe
ſoumettre entierement à ſa
bonté, & ils traiterent cette
precaution de ridicule ; de
ſorte que les autres ſurpris de
leur bonne volonté, n'oſant
y contredire, il fut arreſté
qu'il gouverneroit comme
les Rois ſes predeceſſeurs.
Que ſi ſa Majeſté euſt voulu
profiter de cette conjonctu-
re pour rendre ſon autorité
plus abſoluë qu'aucun autre
Souverain, il n'y a pas de difficulté que les Republicains
auroient eſté les premiers à
l'y ſervir contre les autres, &
on doit ce témoignage à ſa
moderation, que voulant eſta-

blir fon regne fur la Iuftice, il a commencé de fe la faire à lui-même tres-exacte, & il n'a point voulu mettre fur la tefte de fon Peuple vn joug plus pefant que celui qu'il avoit porté par le paffé.

Cependant le Parlement preparoit toutes chofes pour le retour du Roi. Il ordonna à la Flotte de fe mettre en eftat de lui obeïr, & le dix-huitiéme il le fit proclamer avec toutes les ceremonies accoutumées, apres avoir fait abatre toutes les Armes de la Republique. Ils établirent auffi deux Comitez, l'vn pour regler l'Entrée qu'on auroit à

lui faire, & l'autre pour pourvoir aux moiens d'entretenir
fa Maifon. On parla enfuite
des conditions de l'abolition
que le Roi devoit donner. Il
fut refolu que les biens de
tous ceux qui avoient fervi
dans le cours de la Iuftice, &
qui avoient efté eftablis pour
le deffunt Protecteur feroient
confifquez, nonobftant toutes fubftitutions.

Que fept des Iuges qui a-
voient affifté à la Chambre
de Iuftice qui condamna le
feu Roi feroient exceptez de
la grace; qu'ils auroient tous
à fe reprefenter à péine d'ê-
tre declarez traîtres, & que les

titres d'honneur donnez par
le feu Roi depuis sa retraite
à Oxfort demeureroient sup-
primez. On auroit mesme
condamné la memoire du
deffunt Protecteur, si Munk
ne les en eut empeschez.

Cependant les Deputez
du Parlement qui estoient
partis le 25. de Mai, trouverent
le Roi à la Haye où il s'estoit
avancé pour les recevoir. Ils
n'avoient point d'autre ordre que de le presser de venir
& de l'accompagner. Le Parlement avoit encore adjouté
au present, deux mil livres
sterlin pour les Ducs d'York
& de Glocester, outre les

cinquante pour le Roi.

Les nouvelles du jour de son depart étant venuës à Lôdres, Munk en sortit le deuxiéme Iuin pour aller au devant de lui. La Noblesse de la Ville & les autres Corps firent des Compagnies pour l'aller recevoir, & ils marcherent tous vers Douvres.

Le 4me le Roi descendit à cette rade, & fut receu par le General qui se mit d'abord à genoux. Sa Majesté le releva l'embrassant & l'appellant son pere. Apres vne conference d'vne demie heure qu'ils eurent ensemble en particulier, le Roi se mit sous vn

daix tendu fur le bord de la
Mer , fous lequel les Ducs
d Y ork & de Glocefter entrerent aufli; & là ils receurent
les refpects de la Noblefle.
Ils monterent enfuite en ca-
rofle où le General prit place,
& puis le Duc de Bouquin-
quan fans eftre appellé.

Dans le chemin de Can-
torbery ils trouverent quelques vieux Regimens avec
les Compagnies de la No-
blefle qui eftoient en bataille. Le Roi monta à cheval,
& y fit fon Entrée à leur tefte.
Pendant le fejour qu'il y fit,
il donna l'ordre de la Iarre-
tiere au General. Elle lui fut

atta-

attachée par les Ducs d'York & de Glocefter. On fit lire auffi vn Ecrit, contenant les motifs de fa promotion, qui eftoient fon origine du Sang Roïal dont il eftoit defcendu par femme par bâtardife; & le fervice important qu'il venoit de rendre aux trois E-tats, les aiant tiré de l'efcla-vage, & remis fous l'obeïffan-ce de leur Souverain legiti-me. Le Duc de Suthamp-ton receut auffi le mefme honneur; mais avec cette di-ference qu'vn Heraut feule-ment lui mit l'Ordre.

Peu apres le Roi fit fon Entrée à Londres de cette

maniere. Il monta à cheval
à deux lieuës de la Ville, où
toutes les Compagnies de la
Nobleſſe, & cinq Regimens
de l'Armée avoient eu leur
rendez-vous, & il marcha au
milieu de ces deux Corps. Le
Maire ſuivi des Echevins, &
des Compagnies des Bour-
geois tous à cheval le rencon-
trerent au commencement
de leur Iuriſdiction. Il deſ-
cendit de cheval, preſenta
ſon épée à ſa Majeſté qui la
lui remit auſſi-tôt entre les
mains, & apres eſtre remon-
té, il la porta teſte nuë devant
elle, aiant Munk à ſa droite &
le Duc de Bouquinquan à ſa

gauche. Sa Majesté suivoit immediatement apres entre les Ducs ses freres qui étoient à ses côtez, mais vn peu der-riere. Elle traversa la Ville au milieu de deux rangs de Piquiers de la Milice Bour-geoise , & des Compagnies des Marchands en robe avec leurs Etendarts. Ils estoient tous en haie derriere des bar-rieres plantées dans les ruës.

Le Roi trouva à Witehal les deux Chambres du Parle-ment qui l'y attendoient sui-vant l'ordre qu'il leur en avoit donné, & elles lui firent leurs harangues. Cette journée fut terminée par des feux de joie devant toutes les portes, & force décharges du canon de la Tour.

Deux jours apres les Ducs freres de sa Majesté allerent prendre leurs places au Parlement en vertu des Lettres Patentes du feu Roi.

Le onziéme sa Majesté y alla sans ceremonie. Il fit entendre aux deux Chambres l'obligation qu'il avoit à leur affection, & se remit du reste à son Chancelier, qui commença par les loüanges deües au service du General. Il asseura ensuite la Compagnie que sa Majesté perseveroit dans la resolution qu'elle avoit témoignée touchant la Declaration faite à Breda dont il eſt parlé ci-devant, il les convia de nommer ceux qui devoient eſtre exceptez de l'amniſtie, de faire l'acte pour la Religion, & de pourvoir au paiement de l'Armée. Dés le lendemain le Parlement ordonna à tous les Iuges du feu Roi de ſe repreſenter dans le quinziéme du mois, à peine d'eſtre declarez traîtres, & le 14. il preſta le ſerment de fidelité ſelon l'ancienne coutume.

Cependant le Roi compoſa ſon Conſeil des perſonnes le mieux qualifiées & le plus

estimées de la Nation , sans
avoir égard aux engagemens
qu'ils avoient pû avoir avec
les gouvernemens Republi-
cains.   Il disposa aussi de toutes les principales Charges de
la mesme maniere & avec la
mesme autorité que ses pre-
decesseurs. Ainsi ce Prince a-
pres avoir fait paroître sa con-
stance dans tout ce que la
mauvaise fortune peut faire
souffrir à vne personne née
pour le trône, fait goûter à ses
Sujets la douceur de son gouvernement, & joüit d'vn bien,
qui à la verité estoit deu à sa
naissance, mais que sa seule
vertu & sa patience lui ont ac-
quis.

MEMOIRE

composé en l'année 1662. touchant les Ambassadeurs qui furent receus à Londres aprés le rétablissement du Roi.

LE Roi estant à la Haye avoit fait connoître à Messieurs les Etats des Provinces Vnies des Païs-bas que les Rebelles n'aiant plus d'autorité en Angleterre, de Nieuport leur Ambassadeur y seroit à l'avenir inutil, parce que les affaires qu'il y avoit traitées lui aiant donné beaucoup

d'habitudes avec eux, sa Majesté avoit sujet de ne l'avoir pas
pour agreable. Sur cette declaration l'ordre des Etats lui
fut expedié pour son retour,
& il partit de Londres le Samedi 12. Iuin 1660. Le Roi ne
laissa pas de lui accorder son
passeport, mais sans aucun titre, & le qualifiant seulement
le sieur Guillaume de Nieuport. Le Comte d'Arbey le
traita fort mal, & quand même il eust esté du nombre des
Rebelles, il n'en auroit pas
agi avec plus de rigueur. Cependant il n'avoit pû obtenir
des Anglois en six ans qu'il
avoit residé à Londres, que

les Vaiſſeaux libres fiſſent que
les Marchandiſes le fuſſent
auſſi, quoi que la France &
l'Eſpagne euſſent accordé cet
article aux Etats; & cette difficulté qu'il ne pût jamais ſur-
monter, fut cauſe qu'il ne pût
pas même conclurre vn ſimple Traité de Marine avec le
Regime.

Le Roi eſtant enſuitte arrivé à Londres, de Bordeaux
Ambaſſadeur de France re-
ceut des Lettres de creance
de ſon Maître, pour faire
compliment à ſa Majeſté ſur
ſon retour. Il demanda pluſieurs fois audiance pour paſſer cet Office ſans pouvoir

l'obtenir, & enfin on la lui refufa. On pretendit que ce refus ne regardoit aucunement la France, mais la perfonne feule de fon Ambaffadeur, & que le Roi avoit affez témoigné lors qu'il avoit paffé à la Haye, inclination à bien vivre avec fa Majefté Tres-Chreftienne, par la maniere dont il avoit receu de Thou qui refidoit aupres des Etats en même qualité que de Bordeaux en Angleterre, & par le bon traitement qu'il lui avoit fait en toutes les occafions qui s'en eftoient prefentées. Cependant le refus fait à de Bordeaux eftoit vn

effet de la resolution que les
Espagnols qui avoient du credit dans le Conseil du Roi y
avoient fait prendre, qui étoit
que pour l'honneur de sa Majesté elle ne devoit point accorder audiance aux Mini-
stres qui avoient negocié
avec les precedens Regimes;
mais bien que cette resolution fut prise à la persuasion
des Ennemis de la France,
neantmoins comme gene-
rale, elle ne portoit aucune
consequence pour le particulier. De Bordeaux partit
donc de Londres le Vendredi dixiéme Iuillet de la même
année, sans avoir eu l'hon-

neur de saluër sa Majesté, &
avec aussi peu de satisfaction
du procedé des Anglois à son
égard que de Nieuport en a-
voit eu.

Dom Francesco de Mello
Ambassadeur de Portugal
crut qu'il auroit le mesme
sort que les precedens, puis
qu'outre que les mesmes raisons qui les avoient empeschez d'estre admis à l'audiance l'en excluoient: l'Ambassadeur du Roi son Maître
residant à la Haye n'avoit
jamais pû l'obtenir,& le Marquis de Conflans Envoié du
Roi Catholique pour com-
plimenter sa Majesté sur son

rétabliſſement , & pour lui
donner avis que ce Roi envoieroit dans peu vn Ambaſſadeur Extraordinaire pour
paſſer plus dignement cet Office , faiſoit ſon poſſible pour
la lui faire refuſer, ſur ce qu'il
avoit depuis peu conclud a-
vec la Republique vn Traité
de ligue contre l'Eſpagne. Il
fut neantmoins plus heureux
que les autres. Il trouva des
perſonnes qui repreſenterent
au Roi qu'il n'avoit jamais
agi contre ſon ſervice,&qu'au
contraire il avoit toûjours
dit hautement que l'Angleterre ne pouvoit eſtre ſans
Roi. Ces rapports avanta-

geux que l'on fit de lui , &
l'appui que le Comte de Manchefter lui donna, furent cau-
fes qu'il fut enfin admis à
l'audience , nonobftant les
preffantes inftances des Efpa-
gnols au contraire. Il y fuft
mené le Ieudi 29. Iuillet dans
le caroffe du Roi fuivi de fei-
ze autres, le fils du Comte de
Manchefter & le Chevalier
Coorteel Maiftre des Ceremonies avec quelques Gen-
tilshommes de la Cour l'y ac-
compagnerent. Enfuite de
l'audiance du Roi, il fut à celles des Ducs d'York & de
Glocefter. Cette audiance
publique fut fuivie de quel-

ques particulieres, & de plusieurs conferences avec des
Commissaires qui lui furent
donnez. Le 28. d'Octobre il
partit de Londres avec deux
Fregates de sa Majesté pour
aller en Portugal, & le 10. Fevrier de l'année suivante 1661.
il revint à Londres avec plein
pouvoir tant pour conclurre
vn Traitté d'alliance entre
l'Angleterre & le Portugal,
que pour traitter le Mariage
de sa Majesté avec l'Infante
de Portugal. Dans le mois
de Mars suivant les Traittez
furent faits, & le Chancelier
contre la coûtume de ceux
qui sont revêtus de cette

Charge en Angleterre, alla lui rendre visite, & lui mit en main l'approbation du Parlement pour ce mariage. Le 15. Iuillet il retourna à Lisbonne pour aller querir la Reine, & le   jour de Mai 1662. il retourna en Angleterre à la suite de sa Majesté où il demeura en qualité d'Ambassadeur ordinaire.

Frederic Alefeld Ambassadeur Extraordinaire du Roi de Dannemarck aiant esté arrêté quelques jours à Londres *incognito*, parce qu'il estoit malade; il ne put faire son Entrée que le Ieudi 25me de Septembre 1660. le Comte de Pem-

Pembroec & quelques autres Seigneurs de la Cour le prirent à Thourill dans le carosse du Roi suivi de quantité d'autres, & le menerent dans la maison de l'Etat du Chancelier Willians, où on a accoutumé de traiter les Ambassadeurs. Il avoit notifié son arrivée à l'Ambassadeur de Portugal qui lui envoia son carosse, ce qui causa du bruit: car les Portugais voulurent suivre le premier carosse d'Alefeld comme c'est la coûtume, & les Danois ne voulurent point souffrir qu'il y eust de separation du premier à leurs autres, ce qui

Q

fut cauſe que les Portugais ſe retirerent ſans les ſuivre.

Le Samedi du meſme mois il eut audiance du Roi dans la grande ſalle de Witehal. Il y fut conduit par les Comtes de Pembroec & de Betfort avec vingt-deux caroſſes; enfin apres avoir conclu vn Traité d'alliance defenſive le 23. Fevrier, par lequel les Rois d'Angletérre & de Dannemarck s'obligeoiér de ſe deffendre reciproquement contre tous ceux qui les attaqueroient, il prit ſon audiance de congé le 25. A ſon depart qui fut au commencement de Mars, il fut recon-

duit avec les caroſſes du Roi,
le preſent que lui fit ſa Majeſté eſtoit de la valeur de douze cens livres ſterlin.

Le Ieudi vingt-troiſiéme de
Septembre 1660. le Prince de
Ligne Ambaſſadeur extraordinaire d'Eſpagne fit ſon entrée publique à Londres. Il
fut mené de Graveſantes juſques à Thouril dans les barques de l'Eſtat. A ſon arrivée
le Gouverneur fit tirer le canon par ordre expres du Roi,
il fut receu en ce lieu par trois
des plus grands Seigneurs de
la Cour, & il fut mené dans le
caroſſe du Roi ſuivi de vingt
autres en vne maiſon que ſa

Majesté lui avoit fait preparer expres, où il fut traité les neuf jours suivans. Le Lundi vingt-septiesme Septembre il fut conduit à l'Audiance, & reconduit avec plus de ceremonie qu'à l'ordinaire. Il avoit seize carosses & le reste de son train si nombreux, si leste & si magnifique, qu'on n'avoit jamais veu à Londres tant de suitte à pied & à cheval, ni si superbement vétuë. Il traita le Roi & toute la Cour fort magnifiquement le Lundi douziéme Octobre, le lendemain il eut son Audiance de congé avec grande pompe, & il partit le quinzié-

me du même mois apres a-
voir été regalé par sa Majesté.
Il fut accompagné à sa sortie
de même qu'à son arrivée.
Dans le temps de cette grande Ambassade, il y avoit à
Londres les Ambassadeurs
extraordinaires de Danne-
marck & de Portugal. Il ne
voulut pas neantmoins leur
notifier son arrivée, ni même leur rendre aucune visite,
pretédant que la dignité d'vn
si celebre Ambassade ne per-
mettoit point de communi-
cation avec les autres, & que
comme il ne venoit que pour
faire des complimens, il étoit
inutil de les voir.

Le huitiéme du même mois le Baron de Vatteville Capitaine general de la Province de Guipascoa arriva à Londres pour y demeurer en qualité d'Ambassadeur ordinaire du Roy d'Espagne. Il avoit esté choisi pour cet emploi, parce qu'il étoit dans les bonnes graces de sa Majesté Britanique, qu'il s'estoit acquises par les témoignages de respect & d'affection qu'il luy avoit données, lors qu'elle fut à S. Sebastien. Il ne fit point d'entrée publique, à cause que le Prince de Ligne y étoit encore, & il ne prit son Audiance de ceremonie que le vingtiéme, apres que ce Prince en fut parti. Il avoit deux grandes affaires à negocier, sur lesquelles il n'eut pas grande satisfaction. L'vne estoit la restitution de l'Isle de Iamaïque & de Dunquerque, sans qu'elles fussent incorporées à la Coronne d'Angleterre : Et l'autre la permission de lever du móde en Angleterre contre les Portugais en vertu des traitez de l'an 1604. & 1630. & que ces traitez fussent renouvellez.

Pendant le cours de son Ambassade il voulut observer toutes les ceremonies aufquelles son caractere l'obli-

geoit. Le Mardi troiſieſme
Mai 1661. il ſe trouva avec le
Prince Maurice dans l'Egliſe
deWeſtmunſter au coronne-
ment du Roi, & le ſixieſme il
lui fit compliment ſur ce ſujet. Le huitieſme il donna vn
memoire au Roi, par lequel il
offroit en mariage à ſa Majeſté, l'Infante d'Eſpagne, vne
des Princeſſes de Danne-
marck, de Saxe, & d'Orange,
ou telle autre qu'il lui plairoit
de choiſir, lui promettant au
nom de ſon Maître vne dot
fort conſiderable, & accom-
pagnant ces offres d'invecti-
ves contre le Portugal, il ne
ſe contenta par de donner
cet

Cet Ecrit au Roi, il le fit im-
primer, debiter & afficher en
forme de placart , dont sa
Majesté se fâcha fort contre
lui, & elle en demanda satisfaction au Roi son Maître ;
de sorte que le vingt-deuxiéme de Iuin il prit audiance
pour essaier de s'en excuser.
Le   de Mai 1661. le Roi, tous
les Seigneurs & toutes les Da-
mes de la Cour estant dans le
Hayparet avec vn tres-grand
nombre de carosses, comme
c'est la coutume de s'y pro-
mener en ce temps, le Baron
de Vateville s'y trouva aussi
en ceremonie. Le dixiéme
d'Octobre 1661. il emploia

R

l'adreſſe & la violence pour gagner le rang ſur l'Ambaſſadeur de France, à l'Entrée de celui de Suede, comme il ſe dira en ſon lieu. Le Mardi huitiéme Novembre enſuivant, il fut à vn feſtin fort magnifique que le Maire & les Aldermans de Londres ont accoutumé de faire tous les ans, & auquel tous les Ambaſſadeurs & Miniſtres publics ſont conviez. Le Réſident de Portugal s'y eſtant trouvé, & voulant ſe mettre à table en ſa preſence, on le fit retirer par le Maître des Ceremonies, ſur l'inſtance qu'il en fit. Le vingt-cin-

quiéme Novembre de la mê-
me année, il notifia au Roi
la mort du Prince Infant, ce
qui obligea fa Majefté de
prendre le deüil. Enfuitte
aiant receu ordre du Roi de
fortir d'Angleterre auffi-tôt
que la Flotte feroit partie
pour aller querir la Reine en
Portugal, il partit de Londres
le deuxiéme Fevrier 1662. aiant
pris congé de tous les Miniftres de la Cour, & envoié fon
Secretaire à tous les Ambaf-
fadeurs. Quoi qu'il n'eut pû
obtenir vne audiance de congé de fa Majefté, elle ne laiffa
pas de le faire accompagner
par quelques Seigneurs de la

Cour, & de le faire conduire dans son carosse suivi de vingt autres jusques à la Tour, & delà dans les barques de l'Etat jusques à Gravesantes. Il s'embarqua à Douvres dans deux Fregates Angloises pour Flandres, d'où il passa en Espagne à l'exercice de la Charge qui lui avoit esté donnée de Vice-Roi en Galice pour agir contre les Portugais.

Dés le mois de Septembre 1660. sa Majesté Tres-Chrêtienne avoit envoié le Marquis de Ruvigny pour complimenter le Roi en atendant qu'il envoiât vn Ambassadeur Extraordinaire.

Le Mercredi troisiéme de Novembre le Comte de Soisfons Ambassadeur Extraordinaire de France fit son Entrée publique à Londres, où il fut receu, traitté & regalé de la mesme maniere que celui d'Espagne, & il fut logé dans la Maison de la Reine, & regalé pendant neuf jours. Son Train ne cedoit en rien à celui du Prince de Lignes. Il avoit seize carosses, & il changea trois fois de Livrées, à l'Entrée, à l'audiance, & dans son sejour. Il saluä le Roi dans la grande salle le Samedi 13. du mesme mois avec des ceremonies extra-

ordinaires. Il traitta sa Majesté
& toute la Cour avec beaucoup de magnificence. Le
Mardi vingt-troisiéme il eût
son audiance de congé, & il
partit le lendemain en ceremonie. Il en vsa à l'égard des
Ambassadeurs qui estoient à
Londres comme le Prince de
Lignes avoit fait, ne voulant
point leur faire sçavoir son arrivée, ni leur rendre visite. Son
Ambassade dura 18. jours.
Les Ambassadeurs Extraor-
dinaires des Provinces Vnies
des Païs-bas, qui estoient Ber-
nevelt, Van Gock, Van Orn,
& Ripperda estant arrivez à
Londres, ils envoierent no-

tifier leur arrivée à ceux de France, d'Espagne & de Dannemarck. Cependant il n'y eut que ce dernier qui envoia le sien. Le lendemain seiziéme de Novembre, ils firent leur Entrée publique à l'ordinaire. Ils furent conduits par le Chevalier Coortel Maître Ceremonies dans les barques du Roi, de Gravesantes jusques à la Tour, où ils furent receus par les Milords Crayen & d'Orsey, & conduits dans les carosses du Roi accompagnez d'autres à la Maison de l'Etat du Chevalier Williams, où ils furent traittez trois jours, comme c'eſt la coûtume. Apres qu'ils furent arrivez, le Comte de Soiſſons envoia leur faire ſes complimens, & des excuſes de ce qu'il n'avoit point envoié ſon caroſſe à leur Entrée, Vateville ſe contenta de leur faire vn ſimple compliment. Le dix-neufieſme ils eurent leur audiance publique dans la grande ſalle. Peu apres les deux Ambaſſadeurs de la Province de Hollande preſenterent au Roi dans vne audiance particuliere des preſens de la part de cette Province. C'étoit pluſieurs raretez de la valeur de ſoixante mille florins; & enſuite ils propoſe-

rent de faire vn Traitté d'ail-
liance , auquel ils ont deja
travaillé vn an & demi fans
l'avoir pû achever.

Le Roi d'Angleterre avoit
receu avis par Pelnits grand
Efcuyer de l'Electeur deBran-
debourg,qui arriva à Londres
dans le mois de Iuillet 1660.
que fon Alteffe Electorale
envoieroit vn Ambaffadeur
Extraordinaire en Angleterre. Sa Majefté faifant reponfe
à la lettre qu'il avoit apportée de la part de fon Alteffe
Electorale, l'affeura que cette
Ambaffade lui feroit tres-
agreable, & au lieu de le traiter de vous comme on a ac-

coutumé d'en vſer en France,
à l'égard de tous les Souve-
rains qui ne ſont pas effecti-
ctivement Rois, elle le traitta de Vôtre Alteſſe. Cette
Ambaſſade cóſiſtoit au Prince Maurice & au Chancelier
Vieman qui firent leur Entrée à Londres le dixieſme de
Mars 1661. aiant notifié leur
arrivée aux Miniſtres des Princes Etrangers qui s'y trouverent. Ils furent receus comme
les Ambaſſadeurs des Teſtes
couronnées, conduits par des
barques de Graveſantes juſques à la Tour, & delà dans
le caroſſe du Roi par deux
Comtes dans la Maiſon de

l'Etat, où ils furent traittez trois jours. Le Mardi suivant qui estoit le treizième, ils eurent leur audiance publique dans la grande salle avec les ceremonies ordinaires. Ils conclurent dans le mois de Mai & de Iuin deux Traittez, l'vn d'aillance deffensive, par lequel sa Majesté accorda aux Sujets de son Altesse Electorale la liberté du cómerce en ses Roiaumes, & promettoit de la deffendre dans toutes les Places qu'il possedoit au temps de la conclusion du Traitté, où qu'il tiendroit à l'avenir: L'autre estoit pour la tutelle du jeune Prince

d'Orange qui eſtoit entierement deferée à la Princeſſe
Doüairiere, à condition qu'elle l'exerceroit au nom du
Roi d Angleterre & de l'Electeur, & à l'égard des affaires
d'importance, qu'elle feroit
obligée de prendre con-
ſeil de Meſſieurs de Holande, & principalement des
Villes de Harlem, de Leyde,
de Roterdam & d'Enckuiſen,
il y eſtoit auſſi arreſté que le
Conſeil de ſon Alteſſe demeu-
reroit, & que nul Officier ne
feroit caſſé, ils n'oublierent
rien pour en faire vn troiſié-
me pour le mariage du Roi
avec la Princeſſe d'Orange,

mais inutilement. Sa Majesté aiant deja arresté son mariage avec l'Infante de Portugal, qu'il declara le dix-huitiéme de Mai en presence du Prince Maurice.

Dans le discours que le Chancelier fit au nom de sa Majesté sur ce sujet ; il dît que le Roi d'Espagne avoit offert à sa Majesté plusieurs Princesses que sa Majesté Catholique auroit adoptées comme ses propres enfans, mesme les Princesses de Dannemarc, de Saxe & d'Orange, ce qui avoit fort surpris sa Majesté, parce qu'elle n'avoit jamais crû que ce Roi eust des filles

les de cette Religion. Le
-vingtiéme du mois de Iuil-
-let ils eurent leur audiance
de congé, aiant esté regalez
de presens de la valeur de mil
livres sterlin, & ils partirent
le huitiesme d'Aoust accompagnez à l'ordinaire, sa Majesté en toutes rencontres a
fait plus d'honneur à cesAm-
bassadeurs qu'à ceux des Provinces Vnies. Aussi ces derniers se font toûjours ab-
sentez des ceremonies où les
autres se trouvoient pour n'a-
voir pas le chagrin de marcher apres eux. Le Lundi
vingt-huitiéme de mars 1661.
le marquis Salviati Ambassa-

deurExtraordinaire du Grand
Duc de Toscane fit son Entrée publique à Londres avec
vn train fort magnifique. Il fut
côduit par le Chevalier Coortel jusqués à la Tour dans des
barques de Gravesantes , &
de là avec des carosses du Roi
& des Seigneurs jusques à la
Maison où on a accoutumé
de traiter les Ambassadeurs
Extraordinaires. Le Ieudi
troisiéme , il eut audiance
dans la grande salle, & fit son
compliment sur le rétablissement de sa majesté. Le douziéme d'Avril il eut son audiance de congé , & le 15. il
partit pour aller en France.

Le Roi Tres - Chreſtien avoit nommé dés le mois de Novembre 1660. le Comte d'Eſtrades pour ſon Ambaſſadeur ordinaire en Angleterre ; mas il n'arriva à Londres que le Lundi dix huitiême de Iuillet 1661. Il y entra ſans aucune ceremonie, ce qu'il fit à cauſe du peu d'équipage & du petit train qu'il avoit mené avec lui. Il alla d'abord à la maiſon de Chelſey qu'il avoit loüée du Duc de Bouquinquan. Le vingt-deuxiéme il eut ſon audiance du Roi, & apres il donna notification de ſon arivée aux Ambaſſadeurs. Le vingt-huitieſme il eut encore

core audiance de sa Majesté,
& le dix septiéme d'Octobre
suivant, il retourna en France
pour faire rapport au Roi son
Maître de ce qu'il avoit traité.   Le vingt quatriéme de
Ianvier 1662. il revint à Londres.   Il eut audiance de sa
Majesté le dix · huitiéme de
Mars, & le septiéme d'Avril il
retourna vne seconde fois en
France, sans qu'il ait fait aucun Traitté d'alliance. Tout
le monde a esté estonné que
ce Comte à son entrée & à sa
sortie, n'ait pas voulu observer
les ceremonies qu'on a accoutumé de pratiquer en de
semblables occasions, & cela

S

d'autant plus que ſa Majeſté Tres Chreſtiéne a fort à cœur que ſes Ambaſſadeurs obſerſervent toutes les demarches deuës à leur caractere, & qu'ils gardent le rang dont elle eſt en poſſeſſion par deſſus tous les Rois de la Chreſtienté.

Le Samedi trentieſme de Iuillet 1661. les Seigneurs Cornaro & Moroſini Ambaſſadeurs Extraordinaires de la Republique de Veniſe firent leur Entrée publique avec les ceremonies acoutumées, eſtás menez dans des barques juſques à la Tour, & delà dans les caroſſes du Roi, juſques dans la maiſon qui leur eſtoit

preparée, où ils furent traitez
trois jours. Le deuxiéme
d'Aouſt ils eurent leur audiance publique dans la grande ſalle de Witehal. Ils com-
plimenterent ſa Majeſté ſur
ſon rétabliſſement. Le ſeptiéme ils eurent leur audiance de congé, & le douziéme
ils partirent. Ils avoient notifié leur arrivée avant leur Entrée aux Ambaſſadeurs de
France & d'Eſpagne, & à ceux
de Holande & de Brande-
bourg. Celui d'Eſpagne reſolut d'envoier ſon caroſſe à leur
Entrée, & de diſputer le rang
à celui de France, ce qui ne
s'eſtoit point encore vû. Le

Roi averti de ce dessein jugea
bien qu'il y auroit du bruit,
& pour le prevenir il envoia
le Milord Ruterfort à ces deux
Ambassadeurs pour les prier
de ne vouloir point envoier à
l'Entrée de ceux de Venise.
L'Ambassadeur de France en
demeura d'accord, à condition que les autres n'y envoie-
roient point aussi. Celui
d'Espagne se voiant traitté
d'égal, qui estoit tout ce qu'il
pouvoit souhaiter de plus a-
vantageux, y consentit facilement; & sur leurs paroles on
fit que ceux de Venise ren-
voierent les prier de ne prendre pas la peine d'envoier

leurs caroſſes à leur Entrée; & ainſi elle ſe fit ſans bruit, dont ſa Majeſté fut tres contente.

Mais le Roi Tres Chreſtien aiant appris ce que ſon Ambaſſadeur avoit fait, il lui temoigna par Lettres, qu'il eſtoit tres mal ſatisfait de ce qu'il s'eſtoit laiſſé traiter d'égal à celui d'Eſpagne, & de ce qu'il avoit deferé à l'inſtance du Roi de la grande Bretagne, contre les ordres qu'il avoit de lui. De plus, il lui enjoignoit qu'à l'avenir il prit bien garde de les executer ponctuellement ſur ce ſujet, quoi qu'on pût lui dire, & qu'il eût à garder en toutes occafions le rang qui lui eftoit dû, & qui ne lui avoit jamais efté contefté.

Le fils aîné du Comte de Konifmarck Envoié de Suede, arriva en Angleterre fur la fin du mois de Mai 1661. il complimenta le Roi fur fon heureux rétabliffement, & il lui fit fçavoir que dans peu de jours fa Majefté de Suede lui envoieroit vn Ambaffadeur Extraordinaire. Cet Ambaffadeur fut le Comte de Brahé qui arriva dans la Thamife fur la fin de Septembre, & le cinquiéme d'Octobre, il notifia fon arrivée à

Meſſieurs les Ambaſſadeurs de France, d'Eſpagne & de Holande, ce qui fit grand bruit dans la Ville ſur la conteſtation que l'on prevoioit bien qui devoit arriver entre ceux de France & d'Eſpagne, eſtans tous deux reſolus d'y envoier leurs caroſſes, & d'y diſputer le rang. Le Ro d'Angleterre pour eviter toutes diſputes envoia prier ces deux Ambaſſadeurs de ne vouloir point envoier à cette Entrée, ainſi qu'ils en eſtoient convenus à celle de ceux de Veniſe. Et comme il ne pût rien obtenir d'eux, le ſeptiéme du meſme mois il fit publier des deffenses à tous ses Sujets de ne prendre aucun Parti dans la querelle de ces Ambassadeurs, celui d'Espagne qui croioit l'inclination des Anglois plus portée pour lui que pour celui de France, temoigna au Roi d'estre mal satisfait de cette deffense dautant qu'elle estoit sans exemple. Cependant sa Majesté ne se contenta point de ce qu'elle leur avoit fait dire, elle voulut elle-mesme leur en parler, esperant qu'elle pourroit peut-estre leur persuader de n'envoier point leurs carosses. Elle ne pût neantmoins rien obtenir, sur ce elle tint

tint Conseil pour sçavoir si
on ne pouvoit point faire venir celui de Suede par eau.
Il fut decidé que suivant l'u-
sage pratiqué de tout temps, il
seroit mené dans les barques,
jusques à la Tour, & de là pris
dans les carosses, parce qu'en
usant autrement, il semble-
roit qu'il seroit entré *incognito*,
ce qui ne se pouvoit sans offencer le Roi de Suede. Cet
expedient n'aiant pû estre
pris, & l'Ambassadeur de Suede aiant sceu que ceux de
France & d'Espagne faisoient
de grands preparatifs pour se
disputer le rang, il envoia le
sieur Pouffendorf son Secre-

T

taire pour leur perſuader de n'envoier pas leurs caroſſes, & on leur propoſa meſme que leurs gens ſe mettroient enſemble dans vn de ceux du Comte de Brahé. L'Ambaſſadeur d'Eſpagne preſſé ſur ce ſujet, accorda au Roi, que ſi celui de France ne vouloit point envoier ſon caroſſe, il feroit de même. On fit donc entendre à ce dernier qu'il ne pouvoit pas pretendre autre choſe, puiſque lui-même n'avoit pas voulu avoir de ceremonies à ſon entrée, & qu'il eſtoit demeuré d'accord de cet expedient à celle de celui de Veniſe. Il auroit bien vou-

lu accepter cette offre ; mais
il avoit vn ordre si precis, &
il avoit esté si reprimendé de
n'avoir pas envoié au devant
de celui de Venise, & de ne
s'estre pas fait recevoir en
ceremonie, qu'il fût obligé
de tenir bon. Enfin l'Ambassadeur de Suede fit sçavoir le
Dimanche neufiesme Octo-
bre qu'il feroit le lendemain
son entrée publique. Dés le
mesme jour de Dimanche
l'Ambassadeur d'Espagne fit
venir tous ceux dont il vouloit se servir le lendemain, &
ils les exhorta de bien faire,
leur promettant des recompenses (car outre les gens dé

ſa maiſon il avoit encore donné ordre à quelques Anglois
qui s'eſtoient engagez à lui
pour ſervir contre le Portugal, de ſe trouver preſts pour
eſcorter ſon caroſſe) Il traita
auſſi ce jour-là quelques Seigneurs Anglois, & le ſoir il
alla lui-meſme ſecrettement
voir le lieu où il devoit faire
placer ſon caroſſe, en vn mot
dés vn mois auparavant, les
deux Ambaſſadeurs avoient
commencé de faire leurs preparatifs pour cette journee.
Le Lundi dixieſme Octobre
1661. étant venu, le Duc d'York
pour empeſcher que les Anglois ne ſe mêlaſſent en leur

diſpute, avoit envoié de bonne heure ſur les avenuës trois Compagnies de ſon Regiment, outre la Garde à cheval.

· · L'Ambaſſadeur d'Eſpagne envoia auſſi ſon caroſſe de bonne heure, à ſçavoir ſur les onze heures, & pour plus de ſeureté les harnois de ſes chevaux eſtoient garnis de chaînes. Son train vint en bon ordre & ſans bruit, & eſtoit compoſé de plus de ſoixante perſónes toutes de ſes livrées, & de quelques Cavaliers ; le caroſſe fut placé aupres de la Tour, les gens de pied l'environnerent, & ceux de cheval

val entourerent les pietons,
pour empefcher que perfonne n'en pût approcher. Il
avoit fait mettre aufli vne
barque Flamande remplie de
pierres pres de la Tour, pour
feconder fes gens & pour jet-
ter fur les François. La plufpart des autres caroffes étans
aufli arrivez pour la reception de l'Ambaffadeur, celui
de l'Ambaffadeur de France
vint, mais il eut peine de fe
mettre en rang. Les François
qui l'accompagnoient s'é-
toient affemblez en vn lieu
nommé la Mufe, & eftoient
plus de deux cens hommes:
Aufli-tôt que l'Ambaffadeur

de Suede se fut mis dans le
carosse du Roi , les Parties
commencerent à se querel-
ler, le carosse de l'Ambassadeur de France voulant marcher devant , d'abord trois
des chevaux qui le tiroient
furent tuez, & peu apres vn
quatriéme, & le Postillon fut
blessé à mort , cependant le
carosse de celui d'Espagne
avançoit toûjours, & demeu-
roit ferme dans son rang a-
pres le carosse de l'Ambassadeur de Suede, qui suivoit celui du Roi. Les François re-
poussez de la sorte devant la
Tour abandonnerent leur carosse à deux chevaux, dont

Knopert Gentilhomme des Ambaſſadeurs de Holande eut ſoin , & ils retournerent à la charge à Thourill , mais inutilement. Il arriva encor vn accident qui leur nuiſit fort, qui fut que les Flamans qui eſtoient dans la barque jettans des pierres contre les François tuerent par megarde vn Batelier Anglois, ce qui fit grand bruit, & ſi les Gardes du Roi n'euſſent empeſché le deſordre , les Anglois ſe ſeroient jettez ſur les François. Cependant ceux-ci voulant encore revenir à la charge par la porte qui eſt aupres de la Tour, & empeſ-

cher le caroſſe de Vateville de
ſuivre ſon rang, le fils du Côte
d'Eſtrade , & cinquante autres qui eſtoient avec lui furent fort mal traittez, & ſe
ſauverent à cette derniere at-
taque. Il demeura ſur la place ſeize perſonnes, outre plus
de trente bleſſez. Les Eſpa-
gnols demeurez maîtres firent des grandes acclama-
tions, nul Anglois ou ſujet de
ſa Majeſté ne ſe meſla dans le
different que par des rejoüiſ-
ſances & des huées contre les
battus. L'entrepriſe des Eſpa-
gnols eſtoit fort injuſte, mais
leur conduite fut tres-bonne.
Le Baron de Vateville donna

des recompenses considera-
bles à ses gens, & fit bien penser ceux qui estoient blessez.
Le onziéme on fit rapport
dans le Conseil du Roi de ce
rencontre, & il y fut resolu
pour prevenir vn semblable
accident à l'avenir, de faire
sçavoir à tous les Ministres &
Ambassadeurs Etrangers re-
sidans à la Cour, qu'aucun
d'eux n'auroit plus à envoïer
ses carosses à la reception ou
audiance d'aucun Ambassa-
deur qui pourroit venir àLon-
dres, & que ceux qui y vien-
droient seroient d'oresna-
vant receus par les seuls carosses du Roi,de ses Ministres

& des Seigneurs de la Cour,
ce qui empeſcha qu'à la premiere audiance que celui de
Suede eut le Ieudi treiziéme,
il n'arriva aucun bruit, car il
ne s'y en trouva aucun de
ceux des Ambaſſadeurs. A-
pres donc qu'il eut eſté regalé pendant trois jours à l'ordinaire, & qu'il eut eu ſon
audiance de ceremonie, il
conclut le vingt-cinquiéme
vn Traitté d'alliance & de
commerce que le Reſident
Friſendorpt avoit projetté
avec les Commiſſaires qui lui
avoient eſté donnez, & il
prit ſon audiance de congé.
Il fut reconduit avec ceremo-

nie jufques à Thourill , & il
partit en Novembre fur un
Navire de guerre pour Got-
tembourg. En paffant la ri-
viere de Londres, il trouva le
Vaiffeau du Roi nómé Char-
les, dont le Capitaine fe nom-
moit Hormes, il fit entendre
à ce Capitaine qu'il avoit un
ordre du Roi pour ne point
baiffer le Pavillon , & ainfi
l'aiāt abufé il paffa le Pavillon
haut. Sa Majefté Britanique
prit fort mal cette credulité
de Hormes , le fit mettre en
prifon, & le caffa. Elle écrivit
auffi au Roi de Suede pour a-
voir fatisfactió de ce que fon
Ambaffadeur avoit fait fur fes

côtes contre fa Souveraineté de la Mer, à quoi le Roi de Suede répondit au mois de Ianvier 1662. avec des civilitez & des excufes generales de ce qui s'eftoit paffé, temoignant d'eftre refolu d'entretenir toute bonne intelligence avec l'Angleterre.

Avant que de paffer plus avant, il eft bon de remarquer, que le Mardi quatriéme Octobre 1661. l'Ambaffadeur de France eftant à la chaffe avec le Roi, vn Connétable avec quelque canaille avoit voulu forcer fa maifon, à caufe qu'vn Gentilhomme Suedois pourfuivi par fes

creanciers s'y eſtoit refugié.
Les Laquais en aiant pris la
deffenſe on combattit aſſez
chaudement, & il demeura
quatre ou cinq perſonnes ſur
la place, & quelques-vns furent bleſſez, & ſi les Gardes
du Roi ne fuſſent venus on
n'en ſeroit pas demeuré là.
Cinq jours apres, qui fut le
Dimanche neufieſme, il vint
vn grand nombre d'Anglois
devant ſa maiſon pour y entrer , & l'entrée leur eſtant
refuſée on combattit encor,
& le Roi y envoia ſes Gardes
pour empeſcher l'inſolence
de la populace, & tout s'ap-
paiſa.

Le Vendredi vingtiefme
Ianvier le fieur Luca Durazo
Ambaffadeur extraordinaire
de la Republique de Gennes
fit fon entrée publique, il fut
traitté d'égal aux Ambaffa-
deurs des Teftes couronnées,
aiant efté conduit par les barques de Gravefante à Thourill, & de là receu par deux
Comtes au lieu de Barons,
mis dans le caroffe du Roi, &
traité trois jours. Le vingt-
cinquiefme il eut audiance
publique dans la grande falle
de Witehal avec les ceremonies accoûtumées. Il notifia
fon arrivée le dix-neufiefme
auparavant fon entrée, &

pria les Ambaſſadeurs de ne vouloir envoier leurs caroſ-ſes, ce qu'ils firent à cauſe de la deffenſe que le Roi avoit fait en Octobre 1661. il s'en retourna au mois de Fevrier, n'aiant rien fait que des complimens.

L'Empereur n'a pas fait complimenter le Roi d'Angleterre par aucun Ambaſſadeur, il envoia ſeulement l'année paſſée 1660. le Comte Collato ; mais ce Seigneur mourut à Bruxelles le ſeiziéme Mars 1661. ce qui l'obligera raiſonnablement d'en envoier vn autre.

Il n'eſt pas hors de propos d'a-

d'ajoûter ici ce que fit le fieur
Frifendorpt Envoié de Suede,
aiant receu des nouvelles Lettres de creances du Roi fon
Maître , portant le caractere
de *Legatus Extraordinarius*, il
voulut avoir audiance en ceremonie „comme s'il eut efté
Ambaffadeur , difant que la
qualité d'Envoié extraordinaire eftoit au deffus de celle-
là, & il en écrivit beaucoup de
raifons, neantmoins fa Majefté n'en fut pas perfuadée, &
elle voulut le traitter feule-
ment comme Envoié. On lui
envoia donc vn caroffe du
Comte de Pembrock, dans
lequel il fut conduit à l'au-

diance du Roi par le Maître
des Ceremonies. Cependant
aïant eu quelques conferences avec des Commiſſaires du
Roi, il voulut qu'on lui donnât la qualité d'Excellence, ce
qu'ils ne voulurent point faire, parce que cela n'avoit jamais eſté pratiqué.

RELATION DE CE

qui s'est passé au depart
de Monsieur de ******
d'Angleterre.

LE Roi aiant fait son entrée à Londres le huitiéme Iuin, je fus le lendemain visité par le Comte de Saint Albans, qui me porta parole que nonobstant les impressions qu'on avoit voulu donner de quelques civilitez que j'avois renduës au General Munk, & l'exageration qui s'étoit faite de la chaleur avec laquelle j'avois negocié sous les precedens gouvernemens d'Angleterre, le Roi ne laiſſoit pas d'eſtre preſt de me bien recevoir, & meſme il me convia à demander Audiance ſans attendre que mon equipage fût en l'état que je le voulois mettre, crainte qu'en differât, les Miniſtres du Conſeil de ce Prince qui étoient mal affectionnez à la France, & à la Reine d'Angleterre, n'interrompiſſent cette bonne diſpoſition.

Suivant cet avis, je fis ſçavoir le lendemain au Secretaire d'Etat que j'avois receu des Lettres de creance pour le Roy ſon Maître, il ſe chargea d'en parler le jour meſme, &

ſur le ſoir le Comte de Saint
Alban étant venu chez moi,
me dit, qu'en effet le Roi en
étoit informé, & qu'il l'avoit
laiſſé dans la meſme diſpoſition de me donner au plutoſt
vne audiance favorable.

Neantmoins quatre jours
s'étant paſſez ſans que j'en en-
tendiſſe aucune nouvelle, &
les bruits publics auſſi bien
que quelques particuliers,
m'aïant fait douter que le Roi
me voulût admettre, je ren-
voïai audit Secretaire d'Etat,
qui me manda que le lendemain j'aurois réponſe.

Ie fis cependant toute diligence pour découvrir quelle

elle pouvoit être, mais ni le Milord Barckley qui me vint visiter avec la permiſſion du Duc d'York ſon Maître, ni le Comte de Saint Albans, que je rencontrai chez la Comteſſe de Carlize ne s'ouvrirent point à moi ſur ce ſujet : & le dernier me pria meſme de lui faire ſçavoir la reſolution auſ-ſi-toſt qu'elle m'auroit été renduë. Ce qui arriva le ſei-ziéme, le fils du Secretaire d'Etat en étoit le porteur, il me vint declarer qu'encore que le Roi d'Angleterre ſou-haitât d'entretenir bonne correſpondance avec ſes Voi-ſins, & particulierement avec

la France, il ne pouvoit recevoir aucunes lettres par mes
mains, à cause que dans le
cours de ma negociation j'a-
vois agi contre ses interests,
& qu'il desiroit que je sortisse
au plutôt d'Angleterre. Ie té-
moignai d'estre surpris de ce
message, & persuadé que si
le Roy d'Angleterre eût été
mieux informé de ma con-
duite il auroit tout sujet de
s'en louër, bien loin de s'en
plaindre. Cet Envoïé ne se
contentant pas de ma réponse, me demanda ce qu'il auroit à rapporter touchant ma
sortie, je lui dis que j'envoïe-
rois un Courier exprés, pour

en informer ſa Majeſté, ne pouvant me retirer devant que d'avoir receu ſes ordres; à quoy il me repartit, que la reſolution en aïant été priſe a-vec meure deliberation, il ne falloit pas attendre qu'elle ſe changeât : je profeſſai auſſi de ma part que ce n'étoit pas ma penſée, & que ſa Majeſté n'aïant pas accoûtumé d'en-voïer ni de tenir des Miniſtres en des lieux où ils n'étoient pas agreables, ſans doute il me ſeroit ordonné de ſortir d'Angleterre.

Le fils du Secretaire ſur ces paroles ſe retira, & je donnai avis au Comte de S. Albans

de

de celles qu'il m'avoit appor-
tées ; je projettai aussi en même temps vne lettre au Secretaire d'Etat, par laquelle a-
pres m'estre plaint de ce que
le Roi avoit pris vne telle resolution avant que de s'éclair-
cir à fonds, & de ce qu'elle
m'avoit esté apportée par vne
personne sujette à desaveu, je
la demandois par écrit ; mais
avãt que de l'envoïer le Comte de Saint Albans me vint
voir, & me pria de ne la point
faire delivrer, se chargeant
lui-mesme de desabuser le
Roi s'il lui restoit encor au-
cuue impression mauvaise. Il
me convia aussi de surseoir le

X

depart de mon Courier, juſques à ce que j'euſſe de ſes
nouvelles, j'acquieſçai à ſon
deſir pour laiſſer tout en ſon
entier, & meſme lui fis ouver-
ture des expediens qui ſe pouvoient prendre pour ſatisfaire ſa Majeſté, en cas que le
Roi d'Angleterre ne fût porté que par ſes conſidérations
particulieres à me refuſer audiance.

Le dix-huitiéme il me vint
retrouver, mais c'eſtoit pour
me dire que le Roi d'Angleterre ne vouloit entrer en aucun éclairciſſement, eſtant
perſuadé que mes negocia-
tions avoient été prejudicia-

bles à ſes intereſts, que neantmoins, afin qu'il ne parût
point qu'on en vſaſt autrement envers la France qu'envers les autres Etats, les Miniſtres qui avoient traité avec
les precedens gouvernemens
ne ſeroient point admis à l'audiance. Il me parla en meſme
temps de l'Article ſecret du
Traité de 1655. qui avoit obligé le Roi d'Angleterre de ſortir de France, en des termes
qui faiſoient croire que ſon
Conſeil s'en étoit prevalu,
pour exciter de l'aigreur, &
m'avoüa enſuite que le Sieur
Turloë avoit peu auparavant
entretenu le Roi d'Angleter-

X ii

re, je ne pus m'empêcher de
faire quelques reproches de
ce que le souvenir d'vne com-
plaisance que l'Etat de la
France avoit extorquée, l'em-
portât sur la reconnoissance
que le Roi d'Angleterre devoit avoir des marques reel-
les d'amitié & du secours qu'il
avoit receu de sa Majesté. Cet
entretien m'aïant fait perdre
toute esperance que le Roi
d'Angleterre changeât de
sentiment, je fis partir sur
l'heure même mon Courrier;
& me disposai d'en aller attendre le retour quelque part
à la campagne, mais je fus re-
tenu à Londres par vne ren-

contre dont les suites décou-
vrirent l'animosité de quelques-vns des principaux Miniſtres du Conſeil d'Angleterre, le Duc de Boüquin-
quan aïant débauché de mon
ſervice mon Maître d'Hôtel,
ſur le refus que je fis de lui
donner ſon congé devant
mon paſſage en France, non
ſeulement il s'enfuit de ma
maiſon ſans rendre comp-
te, & porta quelques Pour-
voïeurs auſquels il étoit deû à
faire enlever mes chevaux de
mon écurie: mais auſſi paſſa
meſme à cette inſolence de
faire arrêter l'vn de mes Se-
cretaires, en vertu d'vn ordre

X iij

de la Iuſtice ordinaire, pour
le porter à lui donner vne dé-
charge de ſon maniement.
l'appaiſai ſur l'heure la premiere procedure, mais il me
parut que ce ſeroit bleſſer
mon caractere, ſi pour vn dé-
mêlé entre deux de mes domeſtiques je m'adreſſois à la
Iuſtice du païs, j'eus recours
au Roi par l'entremiſe du
Comte de Saint Albans, qui
avoit pris ſur ſoi de me faire
avoir raiſon meſme de la premiere injure, neantmoins
aïant parlé au Roi de la derniere, il le trouva tout prepa-
ré contre la pretention que
j'avois d'être traité en Ambaſ-

sadeur le reste du temps que je serois en Angleterre, sa réponse fut mesme d'vn ton, qui devant que d'avoir entendu le fait ferma la bouche au Comte. Ie ne laissai pas devant que de la sçavoir d'écrire au Secretaire d'Etat vne lettre assez precise, par laquelle je demandois que mon Maître d'Hôtel & mon Secretaire me fussent remis, & pour appuyer cette demande j'y joignis mes Lettres de creance. Ie vis aussi le Comte de Manchester, que sa Charge obligeoit de prendre soin des Ambassadeurs, & lui fis connoître que l'injure qui m'étoit

faite ne me regardoit pas per-
sonnellement mais mon ca-
ractere, & ainsi ne pouvoit
qu'offenser sa Majesté. Il demeura persuadé de mes principes, se chargea d'en parler
au Roi, & le soir étant venu
chez moi, il me dit qu'aïant
satisfait à sa parole, le Roi lui
avoit commandé de m'asseurer qu'il en seroit vsé avec
Monsieur de Bordeaux avec
toute civilité, que comme
Ambassadeur de France je ne
devois rien attendre, & mon
Secretaire me seroit rendu,
sans faire mention de mon
Maître d'Hôtel. Ie lui decla-
rai n'avoir rien pretendu de

mon chef; qu'encore que le Roi eût la bonté de me tant cõsiderer, je ne voulois neantmoins pas m'en prevaloir en la presente rencontre, mais seulement de la qualité avec laquelle j'étois en Angleterre, & j'insistois à ce que mon Maître d'Hôtel me fût aussi rendu, comme ne pouvant reconnoître autre Iustice que la mienne ou celle de France apres mon retour. Mais quoi qu'il me fît esperer vne entiere satisfaction, je n'en receus aucune, ni sur l'vn ni sur l'autre. Ie fus même averti que pour colorer ce procedé si extraordinaire, l'on tâchoit d'o-

bliger le sieur Clergi beau-
frere du General Munk de declarer que je l'avois chargé de
paroles prejudiciables aux interests du Roi d'Angleterre,
& qu'il avoit assez de bonne
foy pour le refuser & en donner avis au Comte de Saint
Albans, lequel en informa le
Roi.

Pendant tous ces demêlez
mon Courier m'apporta le
troisiéme Iuillet au matin les
ordres du Roi pour mon retour, avec vne dépêche de la
Reine d'Angleterre au Comte de Saint Albans, que je lui
fis rendre sur l'heure; & apres
l'avoir inutilement attendu

jusques au soir, ne voulant point devant que de l'avoir entretenu executer mes ordres ; j'envoïai mon Secretaire chez le grand Chambellan & lui fis sçavoir que j'avois la liberté de me retirer, & que je n'avois plus besoin pour partir que d'vn passe-port, qu'il se chargea de me faire accorder avec vne fregatte pour mon passage.

Le lendemain la Comtesse de Carlize m'envoïa prier d'aller chez elle, & aussi-tôt que je fus arrivé le Comte de S. Albans s'y rendit, il m'asseura que tant lui que le sieur Winter Secretaire de la Reine d'Angleterre, qu'elle avoit dépêché à cet effet, avoient fait tout devoir pour difpofer le Roi à l'accommodement, & qu'il n'en étoit pas éloigné, qu'ainfi je ne devois point preffer mon depart, jufques à ce qu'il eût encore entretenu le Roi. Ie lui accordai deux jours, ne pouvant avec bienfeance differer mon depart fans entiere affeurance de fatisfaction, & il eft vray qu'encore que le paffe-port m'eût été envoïé, j'étois averti de divers endroits que l'audiance me feroit donnée, jufques là que deux jours étans expirez, le Milord Fitwilliam me vint trouver de la part de quelques-vns du Conseil qui favorisoient la reconciliation pour en exiger de moi encore deux autres, m'asseurant que l'affaire seroit mise en deliberation dans le Conseil, & resoluë comme je pouvois souhaiter. En effet, le Roi assembla tous ses Ministres le septiéme, la proposition y fut debatuë en sa presence pendant trois heures, sans qu'il fût allegué aucune exception personnelle contre moi, & les principaux se declarant pour l'audiance, le Roy rompit l'assemblée, leur disant qu'il reconnoissoit assez leurs senti-

mens, & prendroit sa resolu-
lution : ce qui donna lieu de
croire à quelques-vns que
j'aurois audiance. Le Comte
de S. Albans m'en vint donner avis dés le soir, & Monsieur le Duc d'York mesme
en avertit vne personne qu'il
sçavoit avoir correspondance
avec moi. Neantmoins le lendemain il parut qu'vn long
entretien du Chancelier & du
Marquis d'Ormont avec le
Roi à l'issuë du Conseil avoit
changé cette bonne disposition, & le Comte de Saint Albans retourna chez moi le
huitiéme, pour me dire que
je pouvois partir sans regret

d'avoir rien obmis pour la reconciliation, ce que je fis le
lendemain, laiſſant mon Secretaire pour pourvoir à mes
affaires domeſtiques, & pour-
ſuivre (devant la Maiſon des
Seigneurs ſuivant le conſeil
qui m'en avoit eſté donné)
la liberté du Secretaire dete-
nu, que le grand Chambellan
fit enfin accorder.

F I N.